Tras los pasos de Jesús

Mujeres en los tiempos del Mesías

Tras los pasos de Jesús

Jeanine Martínez, Sarah Jerez,
Aixa de López, Wendy Bello, Ana Ávila,
Catherine Scheraldi de Núñez, Susy Bixby,
Edyah Ramos, Alejandra Sura, Karen Garza,
Rosita Villanueva, Clara Bastidas,
Teresa Caballero, Betsy Gómez

B&H
ESPAÑOL®
BRENTWOOD, TENNESSEE

Tras los pasos de Jesús: Mujeres en los tiempos del Mesías

B&H Publishing Group
Brentwood TN, 37027

Diseño de portada e ilustración: Bianca Austria

Clasificación decimal Dewey: 248.843
Clasifíquese: JESUCRISTO—SU RELACIÓN CON LAS MUJERES / MUJERES DE LA BIBLIA / VIDA CRISTIANA

ISBN: 978-1-4300-9435-7

Impreso en EE. UU.
2 3 4 5 6 * 28 27 26 25

ÍNDICE

Jeanine Martínez

Jeanine Martínez (M. A. The Southern Baptist Theological Seminary y MSC) sirve como diaconisa en la Iglesia Reforma en Guatemala. Luego de ejercer como ingeniera civil, Jeanine ha dedicado su vida a las misiones transculturales, donde por más de quince años, ha estado sirviendo como misionera en el sur y este de Asia, Australia y Latinoamérica. Ella está casada con Alex y viven en Guatemala.

INTRODUCCIÓN

Encuentros transformadores con Jesús

Vivir con el evangelio en el centro

La historia de Blancanieves pudo muy bien tener como escenario un jardín y no un bosque. En nuestra historia nos encontramos con una mujer engañada (1 Tim. 2:14), quien pudiendo escoger entre la vida y lo atractivo (Gén. 2:8), terminó comiendo de un fruto que la llevó a la muerte (Gén. 2:17). Ella era considerada como la corona genuina de la creación; se le confió la administración del reino como ayuda a su compañero y ambos eran mayordomos al servicio de su Rey (Sal. 8:6). Sin embargo, todo se derrumbó. Me parece una historia conocida.

Esa mujer lo tenía todo, pero le hicieron pensar que no, que todavía le faltaba algo que aparentemente le estaban negando. ¿De dónde viene la constante necesidad de comparar nuestra influencia o jerarquía con la de otros? (Mat. 18:1-5) ¿Acaso la identidad humana ha sido definida en esos términos y solo podemos medirnos en comparación con otros? Vivir necesitando comparar influencias y jerarquías puede ser una tentación engañosa que nos vende un fruto delicioso que resulta ser una manzana envenenada. Solo el Redentor, al igual que el Rey de la historia de esa mujer, puede encontrarnos y abrir nuestros ojos y así caer en la cuenta de nuestro pecado y error (Ef. 2:10). La verdadera identidad siempre la hemos tenido y encontrado a través de observarnos con cuidado en el espejo de la Palabra verdadera y sin engaño del Creador. Hemos sido hechas a Su imagen y semejanza (Gén. 1:26-27). ¿Acaso no son las palabras «bueno en gran manera» un sello de aprobación suficiente? (Gén. 2:31)

La comunidad humana: hombre y mujer

Todo el mandato cultural[1] ha sido entregado en Génesis a la comunidad humana. Se basa en una complementariedad diseñada originalmente por Dios desde el principio: hombre y mujer caminando en unidad, trabajando para el Dios del universo con el propósito común de servir como mayordomos para el florecimiento de toda la creación. La comunidad humana fue instruida para que asuma la responsabilidad y el privilegio de disfrutar y cuidar de toda la creación.

Todo no era grupal, sino que también había una consideración para cada uno como individuo. Adán y Eva fueron vistos como comunidad, pero también les fueron asignadas diferencias biológicas complementarias e individuales. La esperanza de la promesa de redención era a nivel corporativo y también a nivel individual. No había tantos límites en comparación con la tarea y esperanza de conquista que tenían por delante. La mujer es también protagonista en esta historia porque fue la primera en imponerse a la entrada del pecado, los límites y las dificultades en su vida y el cumplimiento de su propósito. Ella misma tuvo que levantarse de sus propias caídas. No, este no es un discurso feminista; así que, por favor, permíteme continuar con mi argumento y continúa leyendo.

1. Se conoce como mandato cultural a la orden dada a los humanos de cultivar la tierra y desarrollar una civilización productiva conforme a sus propósitos y leyes.

Dios dispuso una promesa de redención en la simiente de la mujer. El Señor también se dispuso a tener un encuentro personal con nosotras.

¡Qué hermosura!

El propósito de cada encuentro: Él mismo.

Algunos estudiosos afirman que las apariciones divinas del Antiguo Testamento son teofanías del Cristo preencarnado. Se trataban de encuentros que tenían las mismas características y el mismo poder transformador que observamos en los encuentros de Jesús en los Evangelios. El Viviente que vio a Agar es el mismo que miró a la samaritana (Gén. 16:7-10; Juan 4:1-42). El que fortaleció a las parteras egipcias y a Rahab para proteger las vidas del pueblo, fue el mismo que fortaleció a María para escapar con su hijo pequeño a Egipto y ocultarlo de la persecución nefasta de Herodes (Ex. 1:15-18; Jos. 2:1-6; Mat. 2:13-15).

En cierta ocasión, tuve la oportunidad de ir a Vietnam a enseñar un estudio sobre los profetas. Mientras enseñaba, nos encontramos con una disyuntiva de traducción. Estaba hablando de Jeremías cuando nos dimos cuenta de que la palabra utilizada para «encuentro» tenía un significado dual y hasta contradictorio dependiendo de las traducciones (2 Rey. 23:29). Las diferentes traducciones podrían decirnos que el faraón Necao iba a la batalla con la intención de oponerse o de realizar una alianza con Asiria. Ambas acciones son contradictorias y todo dependería de lo que históricamente pudiera ser más viable, aunque en nada cambia el resultado para Josías, quien murió en batalla. La falta de claridad en la intención del encuentro podría ser la diferencia entre la vida y la muerte como le ocurrió a Josías. Algo así también podría pasar por las mentes de las mujeres que tuvieron encuentros con Jesús: Si consideraban lo que Jesús como profeta haría, ellas podrían haber esperado una confrontación, una sanidad o algo totalmente inesperado, pues Jesús era conocido por Sus acciones y respuestas divinamente contraculturales. Lo que quiero decir es que ellas solo podían llegar a encontrarse con Él basadas en la fe y esto es lo que hacía la diferencia.

Las mujeres que tuvieron un encuentro con Jesús compartieron una actitud que las diferenció del resto y que podríamos ver como principio unificador: receptividad. Ellas estuvieron abiertas a lo que Él tenía que decirles. No entraron completamente escépticas a estos encuentros. Tampoco se sintieron amenazadas por la masculinidad de Jesús. No proyectaron en Él las malas experiencias que pudieron haber vivido con la masculinidad mal representada en los fariseos, sacerdotes o líderes políticos de la época. Ellas vieron a Jesús. Estuvieron abiertas a escuchar al Señor, aunque tal vez no estaban completamente limpias de prejuicios e ideas preconcebidas. Esto es fe. Es la fe necesaria para experimentar un encuentro transformador. No solo fe en lo que Él era capaz de hacer, sino en la persona que estaba frente a ellas. Fe en que este encuentro significaba que eran vistas, que al acercarse a Él encontrarían empatía para sus quebrantos, palabras de vida para las áreas muertas de sus corazones quebrantados, perdón para sus pecados, un toque santo para las que eran consideradas intocables, purificación para las impuras, todo con una sola condición:

¡Fe en Jesús!

Fe en que Él y Sus palabras de vida era todo lo que necesitaban. La fe en que, al obedecer y someterse a la verdad de Cristo, Él las haría verdaderamente libres (Juan 8:31-36).

Jesús trae esperanza de gozo y restauración con Su persona y Sus palabras. Su presencia hará que desde el interior fluyan ríos de agua viva y paz inigualable. Sus palabras tendrán autoridad soberana, pero no implicarán gritería ni autoritarismo, sino verdadera y tierna libertad. Estarán frente a un líder sin manipulación y delante del Señor verdadero al cual habían estado esperando. Trae buenas nuevas para todos los que por siglos habían esperado la redención de aquellas que parecían irredimibles. Se trata de encuentros en donde la historia de Rut les hace eco en su urgente necesidad. Ellas sabían que era necesario alguien mucho mayor para redimirlas, no un gobierno, el cambio del estatus social, empoderamiento del liderazgo ni protagonismo, sino identidad en Cristo, aceptación, adopción y familia (Ef. 4:30; 1:6; Gál. 4:6; Rom. 8:15; Ef. 3:14-15; Luc. 11:13).

Los encuentros de Jesús con estas mujeres no solo nos dejan un ejemplo a seguir o una historia a la cual aspirar. Estos encuentros tienen como principal propósito revelar a Dios en Su más clara y fiel expresión. Ana y la samaritana nos dejan ejemplo de cómo un encuentro con Jesús lleva a impulsar a la mujer transformada a hablar de Él y a apuntar a otros a Él (Luc. 2:38; Juan 4:39-42); cómo estas mujeres son llevadas a contarles a todos sin excepción lo que han visto, oído y experimentado con su Redentor.

Más allá de usarlas

Él se encontró con ellas sin importar lo que digan los demás. El testimonio de Jesús dependía de Su santidad y no peligraba por el pecado de esas mujeres. Él era Emmanuel, Dios con ellas (Mat. 1:23). Él mismo Dios encarnado estaba viéndolas cuando el mundo ignoraba su existencia. Las escuchaba con atención, aunque no lo hicieran sus líderes y allegados. Jesús se detuvo en su camino para encontrarse con ellas, pero no las consideró como una interrupción a Su meta o propósito, ni tampoco las vio como futuras contribuyentes a quienes tener contentas para que continuaran apoyando financieramente Su ministerio. Él no las usó. Hoy existe tanta obsesión con ser «usadas» por Dios, que a veces nosotras mismas solemos tener una visión utilitarista de Dios, como si el único deseo del Señor es serle útil para algo. Esa nunca ha sido Su intención. Dios no necesita usarnos para poder amarnos. Al igual que con Sus apóstoles, Él nos llama «para estar con Él» (Mar. 3:14).

Mi deseo es que a través de los siguientes capítulos «pruebes y veas» cuán bueno es el Señor (Sal. 34:8). No tengamos duda de que un encuentro con el Señor nos hará fructíferas y productivas para Él. Jesús nos usará para Su propósito redentor eterno como portadoras de Su mensaje redentor con nuestras vidas, corazones y manos. Algunas serán usadas a través de sus cuerpos al convertirse en portadoras de vida física, pero finalmente todas serán servidoras de la reconciliación espiritual (2 Cor. 4:7; 5:11). Lo que queda es el principio fundamental de que Jesús nos entrega la mayor bendición al garantizar Su presencia misma con nosotras todos los días de nuestras vidas (Mat. 28:18-20).

¿Es Jesucristo un machista despiadado?

Dios no es un Dios machista. La persona que afirma esto desconoce profundamente las realidades y los contextos de la historia redentora.[2] Un recorrido por las historias de las Escrituras demostrará lo antimachista de Dios. Simplemente, tomemos en consideración esta pequeña lista de personas a las que el Señor atendió con sumo cuidado y amor:

Eva la incitadora de la caída.
Lea la fea y el premio de consolación.
Las hijas de Zelofehad, las desheredadas.
Tamar la nuera despreciada.
Rahab la exprostituta.
Rut la viuda inmigrante y pobre.
Abigail la viuda maltratada.
Betsabé la avergonzada.
Tamar la abusada.
Ester la huérfana.
María Magdalena la exendemoniada.
Marta la afanada.

Son muchas más mujeres en la Biblia, pero estos pocos ejemplos nos demuestran que Dios reivindica contraculturalmente, redime inesperadamente, liberta definitivamente y rescata inexcusable e indudablemente.

Los lugares de encuentro

Jesús no tiene un lugar particular o religioso para encontrarse con nosotras. Él se encontró con ellas en el camino, en sus casas, en el templo, en las sinagogas, en el río, en un pozo, en sus bodas, en sus funerales, mientras realizaban sus oficios del día y en sus negocios. Las incluyó en sus espacios de enseñanza y estuvieron muy cerca en el momento de la cruz.

---

2. Halton, Charles, y Saana Svärd, eds. "Mesopotamian Women." Capítulo en *Women's Writing of Ancient Mesopotamia: An Anthology of the Earliest Female Authors*, 3–15. Cambridge: Cambridge University Press, 2017. doi:10.1017/9781107280328.003.

Jesús nunca se sintió inseguro o amenazado por servir o verse relacionado con mujeres, aun las de baja reputación o que eran percibidas como de baja posición social. Él no mostró favoritismos en ninguno de sus encuentros. Él se relaciona libremente con las mujeres con las que se encuentra y Su propio carácter y Sus palabras proveen un lugar seguro para demostrar que ninguna de ellas pasa inadvertida ante Su presencia (Mar. 12:41-44; Luc. 21:1-4).

Jesús: juez, defensor y sustituto

Me resulta interesante un detalle que Juan menciona al referirse a la historia de la mujer encontrada en adulterio. El Evangelista nos dice que la llevaron a Jesús mientras se encontraba en el monte de los Olivos (Juan 8:1). Ese monte es muy importante en la historia bíblica porque desde allí el Hijo del Hombre volvería para consumar para siempre el «Reino establecido» en la tierra. Jesucristo realizará un juicio justo y la única medida de justicia válida será la que viene por la fe en Él mismo y Su obra perfecta y redentora. Este lugar se convierte en el escenario donde este encuentro con esta mujer acusada trastoca los límites de los juicios de los religiosos. Jesús se interpone entre el juicio humano con bases injustas (por ejemplo, no podemos olvidar que el hombre no fue llevado junto a ella para ser juzgado). Los humanos tendemos a tener motivaciones mezcladas, por lo que el juicio de Dios es el único justo.

Esta mujer estaba siendo usada por los fariseos como anzuelo para hacer caer a Jesús. Sin embargo, este encuentro termina trastornando la mente de los fariseos, desarticula sus actos planeados con premeditación y deja boquiabierta a la mujer adúltera. Sí, esta historia se conoce como «la mujer adúltera» y su nombre no está registrado en las páginas de la

Escritura, pero su pecado sí queda registrado. Sin embargo, también queda registrada su justificación al recibir el perdón de Cristo. No sabemos cómo concluye su historia, pero me gustaría pensar que ella no es igual de olvidadiza que yo. Es muy seguro que la justicia de Cristo y Su perdón disponible fueron suficientes para trastornar su identidad por completo. Ya no fueron necesarias subsecuentes expresiones de perdón, sino que las palabras pronunciadas por Jesús en ese momento dramático fueron suficientes para que ella los reciba y se sienta completamente perdonada, justificada y dignificada por Jesús delante de su Padre y delante de los hombres, sin importar la opinión de ellos.

Corazones abiertos a la esperanza: entre lágrimas y pérdidas

Jesús es presentado como el que no critica ni se intimida o incomoda por las lágrimas de una mujer. Nunca dijo «no llores» porque no supiera qué hacer. Todo lo contrario. Lo decía porque sabía lo que haría y tenía el poder para cumplir lo que se había propuesto. Ninguno de los encuentros con Jesús dejó a ninguna mujer sintiendo que no había lugar para las lágrimas. Muchos necesitamos este espacio en la iglesia de Cristo hoy. Necesitamos que las lágrimas de las mujeres no sean vistas como un símbolo de debilidad o descartar el carácter por atreverse a manifestar sus emociones.

Jesús tampoco consideró las lágrimas como un mecanismo de manipulación para lograr lo que querían, sino como una expresión genuina de corazones que necesitaban experimentar Su compasión. Jesús se encuentra con cada mujer con las manos abiertas, ya sea porque perdieron lo que les había sido dado o porque esperaban recibir algo de Él. Jesús tuvo compasión y alimentó a miles, pero también tomó muy en serio las lágrimas de una viuda que iba sollozando en silencio la pérdida de su único hijo. La respuesta a ambas necesidades es detonada por quién es Él: la verdadera compasión encarnada. Jesús no manifiesta una lástima condescendiente e insincera. Por el contrario, se trata de una compasión que es consciente de que el rumbo natural de la vida ha sido intervenido por la muerte, de que la provisión abundante de un jardín ha decaído hasta convertirse en un desierto lleno de cardos y espinos. Se trata de una compasión soberana que sabe que solo la irrupción del poder sobrenatural del Creador puede dejar las marcas de Su acción compasiva hasta el punto de poner las cosas en el lugar de origen conforme a Su voluntad.

Encuentro que transforma: pasado, presente y futuro

Vemos al Creador relacionándose con las portadoras de Su imagen en cada encuentro de Jesús con las mujeres durante Su ministerio terrenal. A pesar de las marcas y cicatrices del pecado en sus vidas, ya fuera el pecado personal o el que otros dejaban, Él veía y las trataba con la dignidad propia de portadoras de Su imagen. Jesús fue completamente hombre y completamente Dios en Su trato hacia las mujeres. No le importó la reputación de las que se encontraban con Él porque el Santo las santificaba y las trataba como apartadas.

Cada encuentro con Jesús encarna la realidad de que la salvación y las buenas nuevas cambian radicalmente el presente, anulan el peso del pasado y proveen un futuro para el cual podemos esperar con anticipación y certeza. Los cristianos tenemos la esperanza de que un día tendremos un encuentro como mujeres y hombres unidos frente al Rey eterno. Será un encuentro donde toda realidad será transformada y una nueva realidad gloriosa será creada porque se trata de un encuentro con Aquel que hace todas las cosas nuevas.

Piensa en esto por un momento: ¿recuerdas esa ocasión cuando recibiste un libro nuevo, zapatos nuevos o ropa nueva? ¿Recuerdas la sensación placentera de la reacción de tus sentidos al disfrutar de aquello que una vez fue anhelo y en ese momento era realidad? Imagínate lo que será recibir un cuerpo nuevo, un propósito nuevo, una identidad nueva, una tierra nueva, una familia nueva, una creación nueva, un cielo nuevo, una tierra nueva y una nueva visión del Rey del reino. Experimentarás todo nuevo porque, al igual que con cada mujer en el evangelio, al encontrarse con Jesús uno será también cambiado y transformado hasta el punto de que nada será igual.

Las autoras de los próximos capítulos quieren llevarte de la mano como una niña que lleva a su hermana ante su padre para que arregle su muñeca rota. Tal vez necesitarás no solo reparar lo dañado, sino también que sequen tus lágrimas, que recibas un abrazo mientras te dicen palabras de ánimo, esperanza y dirección. Tal vez te sientes tan inmerecedora de amor, aceptación, ánimo o corrección que ya tienes demasiado tiempo huyendo para no encontrarte con Él, o peleando con argumentos en tu mente porque el Jesús de la Biblia no encaja en tu molde. Así como Jesús rompió los moldes de cada una de estas mujeres, así también puede romper el tuyo por tu bien. Al fin y al cabo, no se puede contener un océano en un vaso y no podemos encajar al Dios del universo en la caja de nuestras percepciones.

¡Solo Su verdad nos hará libres!

Queremos acompañarte y caminar a tu lado a través de estas páginas. Si has rendido tu vida al Jesús de la Biblia, queremos hacer lo posible para que puedas conocer mucho más a Jesús y que pueda estar cada vez más cercano y tal como Él se reveló a cada mujer (Sal. 34:18). Por otro lado, si eres creyente tienes al Espíritu Santo; por lo tanto, no solo no caminas sola, sino que tienes una gran nube de testigos que no están para juzgarte, sino que te llaman al ánimo, a fortalecerte y a que hagas crecer la esperanza en tu propia vida. Mujeres y hombres pecadores falibles, cuyas faltas están aún registradas en las páginas de la Biblia (Heb. 11:4-39), son considerados héroes y testigos de la fe, pues sus mismos testimonios te animan a que te veas como parte de esta comunidad que Jesús construyó para sí mismo, una familia inquebrantable porque Él es el que la une a través de los siglos, experiencias, historias y realidades. Él es uno y nos hace uno en Él (Mar. 7:27; Isa. 49:6).

El evangelio para todos

Por último, quisiera dejarte una advertencia muy amorosa: tengamos cuidado de convertir la aplicación del evangelio en el evangelio. La feminidad bíblica tiene implicaciones en la manera en que vivo mi vida como cristiana y mujer. Pero la feminidad bíblica no puede convertirse en nuestro evangelio. Aunque este libro se centra en los encuentros de Jesús con mujeres, eso no restringe el poder de Jesús y tampoco muestra algo de Jesús diferente porque Dios no hace acepción de personas. El Señor tiene un llamado general y mucho mayor a seguirle a hombres y mujeres redimidos sin distinción, que a destacar nuestras diferencias en los roles durante este corto trayecto en este lado de la eternidad. La Biblia dice más de la comunalidad en la relación eterna establecida en la doctrina de la adopción como hijos como llamado a la unidad del cuerpo, a interacciones saludables familiares y eclesiásticas que apuntan a una relación eterna y común de hermanos. Todos los redimidos, hombres y mujeres somos incorporados al cuerpo de Cristo y se nos ha preparado morada en el cielo solo por la gracia de Dios y la obra de Jesucristo. Los encuentros de Jesús con mujeres en los Evangelios nos dejan un modelo de cómo la iglesia también debe reflejar esa relación en todas sus áreas e interacciones. Actitudes, tono y atmósfera de servicio mutuo, de respeto profundo, de escucha activa, de espacios de aprendizaje integrados, de interacciones uno a uno con respeto y sin temor a malas interpretaciones, o sexualización. Todas estas cosas están reflejadas en estos encuentros de Jesús con esas mujeres. El Creador relacionándose como hermano en toda pureza. Las siguientes palabras del apóstol Pablo incluyen a todos los cristianos sin distinción:

> «Y si somos hijos, somos también herederos; herederos de Dios y coherederos con Cristo, si en verdad padecemos con Él a fin de que también seamos glorificados con Él» (Rom. 8:17).

En el Hombre perfecto, Jesucristo, la mujer encuentra aceptación, pertenencia, identidad, definición y propósito.

¿Nos acompañas a encontrarnos con Él? Él está cercano. Ven y ve.

Susy Bixby

Susy Bixby es esposa de pastor. Ella asiste a la Iglesia Bautista Grace en Juárez, Nuevo León, México, y le gusta dar clases y asesorar a estudiantes femeninas en la Universidad Cristiana de las Américas en Monterrey, México. Está casada con Mateo y ama sus tres regalos de Dios: Aarón, Ana y David. Deseando vivir el diseño de Dios para su vida, se esfuerza por dedicar la mayor parte de su energía a su hogar y su familia.

Jesús y las mujeres que antecedieron a Jesús

Mateo 1:1-17

Capítulo 1

La genealogía de Jesús

¿Quién es Jesús para ti?

Todas tenemos relaciones interpersonales de diferentes niveles en nuestras vidas. Una manera de identificar el lugar que cierta persona tiene en tu vida es a través de la respuesta que le das a la siguiente pregunta: *¿Quién es para ti?*

No existe una relación interpersonal en tu vida en la que sea más importante responder a esta pregunta que la que tienes con Jesús. Tu respuesta a *¿quién es Jesús para ti?* será determinante en tu vida. Es nuestro deseo y oración que este libro sirva para poder aclararte por qué esta pregunta es tan vital y cómo puedes responderla de una manera que te haga florecer en tu relación personal con el Señor.

Pero antes de preguntarnos *¿quién es Jesús para mí?* o *¿quién fue Jesús para las mujeres que interactuaron con Él durante Su tiempo sobre la tierra?* nos conviene preguntarnos: *¿quién fue Jesús para las mujeres que vivieron antes que Él?* Tú y yo compartimos algo en común con ellas porque no hemos tenido el privilegio de interactuar presencialmente con Jesús. Sin embargo, nuestra experiencia personal con Él es diferente a la suya porque tenemos el privilegio de verlo en retrospectiva.

En el principio

> «… creó Dios los cielos y la tierra» (Gén. 1:1).
> «En el principio ya existía el Verbo» (Juan 1:1).

Jesús existe desde la eternidad pasada *con* Dios, *como* Dios y *siendo* Dios. Esto significa que cada mujer que ha vivido desde la primera mujer creada en el huerto de Edén tiene su existencia en relación con el Creador: Padre, Hijo y Espíritu Santo. ¿Cómo ha sido esa relación? Permíteme contártela en forma de una historia:

En una enorme galaxia hermosa había una pequeña bola de masa oscura y sin forma reconocible sobre la que habló una voz con autoridad: «Sea la luz». De repente, hubo luz y del caos se fue pasando al orden. Las aguas se acomodaron alrededor de masas de tierra seca. Esa tierra se comenzó a cubrir de plantas y árboles. Los cielos también tomaron forma y en ellos fueron colocadas lumbreras para el día y la noche. Los cuerpos de agua se llenaron de seres vivientes que nadaban de muchas maneras distintas. Los cielos se llenaron de seres vivientes que volaban y la tierra seca se llenó de seres vivientes de todo tipo, grandes y pequeños, fuertes y frágiles, silenciosos y chillones, rápidos y lentos, torpes y elegantes, hermosos y curiosos.

Esta misma voz llena de autoridad ha creado toda esa gran diversidad. La Biblia dice que es la voz de «*Elohim*», Dios poderoso. El Dios que acomoda las galaxias y crea solo con Su Palabra (el Verbo de Juan 1), ha diseñado para sí un pequeño planeta que tiene la capacidad de sostener la vida. Todo lo que ha creado es bueno y Él mismo lo reconoce: «Y vio Dios que era bueno» (Gén. 1:23). Mientras observamos esta escena creativa maravillosa, vemos que el Creador aún no termina Su proyecto. Escuchamos entonces aquella voz divina potente una vez más: «Hagamos al hombre a nuestra imagen, conforme a nuestra semejanza; y señoree [...] en toda la tierra» (Gén. 1:26). Al parecer, todo lo anterior ha sido preparado para la criatura especial que portará la misma imagen del Dios Creador. Moisés nos expresa nuestro origen en forma de una poesía:

> «Dios creó al hombre a Su imagen,
> a imagen de Dios lo creó;
> varón y hembra los creó» (Gén. 1:27)

El siguiente capítulo del Génesis continúa asombrándonos con más detalle sobre esta escena: «Entonces el Señor Dios formó al hombre del polvo de la tierra, y sopló en su nariz el aliento de vida, y fue el hombre un ser viviente» (Gén. 2:7). *Dios* fue quien hizo esto. ¡Fue un ser viviente porque *el Dios trino* lo creó!

Luego de crear al hombre, por primera vez Dios ve que hay algo que *no es bueno*: que el hombre esté solo. Decide hacerle una ayuda idónea, una contraparte adecuada e ideal. Pero en lugar de formarla del polvo de la tierra, la forma a partir de una costilla del varón. Finalmente, estamos delante de toda esta creación increíblemente hermosa, buena, variada y creativa. Y la corona de todo: estas dos criaturas *hechas por* el Dios Creador, Padre, Hijo y Espíritu Santo, *a imagen* de Dios, varón y hembra. ¿Para qué? ¿Por qué ha creado Dios todo esto? ¿Qué quiere en particular con estas criaturas que llevan Su imagen?

> «Dios los bendijo y les dijo: "Sean fecundos y multiplíquense. Llenen la tierra y sométanla. Ejerzan dominio sobre los peces del mar, sobre las aves de los cielos y sobre todo ser viviente que se mueve sobre la tierra"» (Gén. 1:28).

Las primeras palabras registradas del Dios Creador para las personas creadas a Su imagen están en esta comisión. Su propósito de existir, su razón de ser, su proyecto de vida es este: Son representantes de su Creador, debían disfrutar de su relación con Dios y de la relación entre ellos mientras llenaban la tierra de sus propios descendientes y señoreaban en la creación. Este planeta diseñado por la misma mano de Dios para sostener la vida de Su creación debe convertirse poco a poco en un lugar completamente entregado al reino de Dios, donde Sus criaturas disfruten de Él y de sus relaciones mutuas. Tanto el varón como la mujer juegan cada uno un papel clave al ser los agentes que Él ha creado y equipado para juntos llevar a cabo esta misión. Toda la gloria la merece Dios por quién es y Él ha escogido glorificarse a sí mismo al crear personas que reflejan Su imagen y, por lo tanto, tienen una capacidad especial para reproducirse, administrar Su creación y así traerle gloria y gozar de comunión con Él.

Esto significa que nosotras compartimos la imagen de Dios en igualdad con los hombres, pero con características y roles diferentes. Fuimos creadas para reproducirnos, igual que el hombre, pero con capacidades físicas diferentes y especiales. También fuimos creadas para gobernar para la gloria de Dios de una manera que complementa y ayuda a la responsabilidad que tiene el hombre. Este diseño hermoso no separa la feminidad del hecho de tener ovarios, útero y una constitución física y emocional ideal para portar vida. Esas capacidades siempre han reflejado el diseño perfecto del Creador y ¡es bueno en gran manera!

La creación y la comisión de la primera pareja de portadores de la imagen de Dios es el principio de la historia de cada ser humano que ha vivido desde ese momento. Nos explica cómo llegamos a existir, para qué propósito fuimos creados e impacta cada aspecto de nuestra vida. Se trata del trasfondo sobre el cual vamos a entender la relación del ser humano con Jesús.

La caída

El ambiente en el que vivía el primer matrimonio era ideal. Tenían completa provisión física por medio del huerto fructífero donde Dios los había colocado. Tenían completa provisión emocional a través de una relación íntima y transparente con su contraparte idónea que cada uno disfrutaba en plenitud. Tenían completa provisión espiritual en su trino Dios creador, quien estaba presente con ellos en el huerto. Tenían una comisión que daba propósito a su diario vivir, trabajo gratificante y relaciones satisfactorias. Dios les explicó la provisión que les había preparado y también les advirtió sobre su única vulnerabilidad:

> «Y el Señor Dios ordenó al hombre: "De todo árbol del huerto podrás comer, pero del árbol del conocimiento del bien y del mal no comerás, porque el día que de él comas, ciertamente morirás"» (Gén. 2:16-17).

Dios dio abundante provisión junto a límites claros desde el principio. El hombre y la mujer tenían una voluntad propia y fueron creados para usarla para glorificar a Dios. La consecuencia de no respetar los límites de Dios, de usar su voluntad para ir en contra de los deseos de Dios, traería como resultado la muerte y la separación de Dios. La mujer conocía estas instrucciones, pero la encontramos entablando una conversación con una serpiente mentirosa, chismosa e intrusa. La mujer se deja influenciar por las palabras e ideas manipuladoras y sutiles de este enemigo de Dios. Lo primero que hace es cuestionar las palabras de Dios:

> «"Conque Dios les ha dicho: 'No comerán de ningún árbol del huerto'"» (Gén. 3:1).

Él sabía que si le hacía dudar de quién es Dios y de la veracidad de Sus palabras, ella dejaría atrás la protección y la provisión de Dios que gozaba al vivir en sumisión a Su reino. Por lo tanto, se expondría a convertirse en un instrumento del enemigo, quien deseaba socavar y destruir el mundo que Dios había creado para Su propia gloria.

La mujer se deja influenciar por los engaños de esta criatura que distorsiona la verdad de Dios y come del fruto prohibido. Ella permite que esa voz extraña y externa hable a su mente y eso hace que comience a cuestionar la provisión y la motivación de Dios. La mujer es el primer ser humano que conoce el pecado, que se deja seducir por sus propios malos deseos que van en contra de Dios, y experimenta la concepción y el alumbramiento del pecado en su vida, cuyo resultado es la muerte. Su cuerpo comienza, desde su misma desobediencia, una marcha inexorable y lenta hacia la muerte física, mientras que su alma se enfrenta al destino de la muerte eterna. Adán participa con ella de esta tragedia y cae en pecado. Cada mujer y hombre que ha vivido a partir de ese momento están afectados por las acciones de Adán y la mujer.

El plan de redención

¡¿Ya se acabó la historia?! ¿Dios podrá morar otra vez con Sus criaturas? ¿Dios podrá reinar sobre Sus seres creados? ¿Dios será glorificado alguna vez como Él merece?

Dios llega al huerto para pasear y platicar con ellos poco después de que Adán y la mujer toman la decisión de creerle a un ser creado en lugar de a su Creador. Pero ellos no lo están esperando como siempre. ¿Dónde están? Escondidos, cubiertos con hojas porque se sentían avergonzados y no sabían qué hacer con esa sensación de desnudez. Dios entabla una conversación histórica con la serpiente, la mujer y Adán. Él juzga justamente a cada uno, comenzando con la maldición sobre la serpiente, el enemigo de Dios. La mujer a quien engañó será su enemiga mortal, ella se reproducirá y Dios promete que específicamente *dará a luz un hijo*, una simiente que aplastará la cabeza de la serpiente, causándole una herida mortal, mientras que la serpiente, a pesar de todo su esfuerzo por derrotarlo, solo alcanzará a causarle una herida menor al Aplastador (Gén. 3:15). Aquí comienza una relación especial entre las mujeres y la segunda persona de la Trinidad. La mujer no lo entiende aún, pero esto es un momento histórico para su género.

Esta promesa es realmente increíble. Dios había diseñado y creado un planeta entero con el propósito de establecer ahí un reino para sí mismo donde Sus criaturas especiales hechas a Su imagen se reproducirían y trabajarían para llenar todo ese planeta de portadores de la imagen de Dios que traerían gloria a Él. Las primeras de esas criaturas acaban de traicionarle, dejando de someterse a Su autoridad perfecta, leal y amorosa, introduciendo una barrera en su relación y arruinando, al parecer, Su hermoso plan.

Sin embargo, Dios pudo haber hecho borrón y cuenta nueva, pero en lugar de acabar en ese mismo instante con el linaje humano, le dice algo increíble a la mujer. Ella de seguro se quedó sin aliento cuando comenzó a comprender lo que Dios le está diciendo. Las mismas palabras de castigo contienen también palabras de esperanza. ¡El Señor no ha terminado con la raza humana! ¡Va a permitir que Sus criaturas sigan adelante con Su plan de multiplicarse, llenar la tierra y gobernarla! Todo será más difícil, habrá dolor durante el parto y al hombre se le complicará el proceso para obtener el fruto de la tierra. Habrá muerte, pero también habrá esperanza.

Ella era simplemente la mujer hasta ese momento. Adán ahora le da a la mujer el nombre de «Madre de todos los vivientes»: Eva. Está viva la que merece estar muerta y tiene el enorme privilegio de que por ella nacerán los descendientes de la humanidad, uno de los cuales traerá la esperanza de la victoria sobre la muerte y una restauración completa en la relación de los seres humanos con su Dios Creador.

Dios creó a la mujer con la capacidad de portar y nutrir vida dentro y fuera del vientre. Su pecado no eliminó esa parte fundamental de su diseño. Por el contrario, Dios usará ese diseño para proveer el aplastador, la simiente de la mujer, la descendencia prometida, Jesús, quien pagará el rescate por la liberación del pecado y llevará a Sus criaturas redimidas a Su reino eterno.

La historia de la relación de las mujeres con el Dios Creador comenzó cuando Dios creó e inició una relación con Sus seres creados. Dios vistió a Adán y Eva después de su caída, y los insertó en este glorioso drama de la redención al permitirles iniciar el linaje de la simiente por medio de su hijo justo Set, de quien vendría Noé, Abraham, David y, finalmente, Emmanuel, Dios con nosotros, un bebé santo que nacerá en un pesebre. Generación tras generación de mujeres experimentará la decepción que comenzó en el Edén junto con la esperanza que viene de las promesas de Dios.

El plan de redención se empieza a cumplir

El pueblo escogido de Dios nace a través de Abraham y Sara, su esposa estéril, a quienes Dios promete una descendencia que será de bendición para toda la humanidad sin distinción. Se empieza a trazar un hilo importante en la historia de la relación entre las mujeres y la simiente prometida. Uno de los bisnietos de Abraham es Judá. Génesis nos narra cómo este hombre se acuesta con una supuesta prostituta pagana, quien realmente es su nuera Tamar, la cual había quedado viuda de uno de sus hijos y había sido abandonada. A través de este engaño quiso buscar la protección y provisión que la familia de la promesa le había negado. El resultado de esta unión es Fares, el tatarabuelo de Salmón, quien se casó con Rahab, la mujer prostituta cananea de Jericó que ayudó a los espías hebreos a escapar de la ciudad durante el retorno del pueblo de Israel a la tierra prometida después de sus años de esclavitud en Egipto y de vagar en el desierto.

Booz, el hijo de Salmón y Rahab, se convierte en el pariente redentor de Noemí, la viuda hebrea, y de Rut, la viuda moabita, en una historia magistral narrada en el pequeño libro de Rut. El hijo de Booz y Rut sería el abuelo del rey David, el hombre conforme al corazón de Dios, quien recibe otra vez la promesa del descendiente que traería salvación y reinaría para siempre sobre el trono.

David sigue siendo pecador y no es completamente íntegro. Tuvo una relación ilícita con una mujer llamada Betsabé a la que hizo su esposa después de mandar asesinar a su marido. Su primer bebé muere, pero después Dios les concede un hijo especial, un hijo de la promesa, Salomón, quién también era imperfecto y peca contra su Dios. Lamentablemente, los descendientes de David y Salomón caen en idolatría y experimentan el juicio de Dios y el pueblo de Dios parte a un largo exilio del que volverán 70 años después. Pasarán 400 años de silencio en los que no habrá registro de ningún profeta hablando en nombre del Señor al pueblo de Dios.

La llegada del Redentor prometido

Llegamos al Nuevo Testamento y la esperanza renace al ver que Dios se empieza a revelar nuevamente y anuncia la llegada del descendiente Salvador. ¿Cómo comienza este Nuevo Testamento? ¿Con la emocionante narración de un Rey glorioso que llega con Sus ejércitos feroces para liberar al pueblo de Dios de su enemigo Roma? Pues no. Comienza con una lista de nombres. Una genealogía.

Es probable que hayas pasado rápidamente tus ojos sobre esta página al comenzar a leer el Nuevo Testamento. Mateo deja un registro evidente del linaje de «Jesucristo, hijo de Abraham, hijo de David». De seguro los primeros lectores del Evangelio de Mateo se sorprendieron al descubrir que hay varias mujeres mencionadas en la genealogía de Jesús. Son las mismas mujeres cuyas historias acabamos de trazar:

Una nuera viuda pagana y abandonada...
Una prostituta cananea condenada...
Una viuda moabita desalojada...
Una ciudadana vulnerable violada...

Ha llegado Jesús, la tan esperada simiente de la mujer, y en todo el camino Dios ha usado a mujeres débiles, infértiles, vulnerables y marginadas para preservar el linaje de la simiente. Una mujer joven llamada María sería la portadora, por voluntad de Dios, de la simiente tan esperada.

Hemos estado revisando la genealogía del Evangelio de Mateo, pero si tomamos la narrativa de Lucas nos topamos con Elisabet, otra mujer estéril y avanzada de edad, quien quedará embarazada con el propósito de traer al mundo al que preparará el camino del aplastador, de la simiente prometida que de una vez por todas acabará con la enemistad. Lucas rompe el silencio de 400 años en las Escrituras de esta manera: Una anciana estéril esperando un bebé y una joven virgen embarazada. De esta manera irónica y contradictoria llega el mensajero que anunciará la llegada de la simiente prometida. Y llega el Aplastador. ¡No puede ser! No tiene lógica para los humanos, pero es parte de la sabiduría de Dios.

Hay una clave que no podemos perder de vista. Ser mujer y gozar de un cuerpo femenino diseñado para portar y sostener vida siempre fue considerado por Dios para llevar a cabo Su plan perfecto de redención. Jesucristo, la simiente prometida, es el único que da propósito a la vida de cualquier mujer.

Desde que Adán y Eva reciben la promesa de la redención a través de la simiente santa, hasta María y José aceptando y abrazando el llamado a recibir a ese pequeño que será el Salvador de la humanidad, vemos al Dios Creador obrando Su plan. En todo el camino ha usado a mujeres de diferentes épocas, nacionalidades y situaciones de vida para preservar el linaje de la simiente.

La historia de redención orquestada y dirigida de forma soberana por Dios incluye la historia de mujer tras mujer, pecadoras y portadoras de vida que tuvieron la posibilidad de ser salvas por medio de esa simiente que ellas anhelaban. La feminidad sigue existiendo para la gloria de Dios, para llenar la tierra de adoradores de Dios, para expandir Su reino corazón por corazón, porque Él merece ser creído y adorado y obedecido por cada ser humano hasta la eternidad.

¿Quién fue Jesús para las mujeres que vivieron antes que Él?

La simiente prometida que restaurará su relación con su Dios Creador. Y en eso compartimos algo en común con ellas. Jesús, la simiente prometida, la Palabra presente en la creación, se encarnó a través de un linaje lleno de mujeres vulnerables y pecadoras, para que esta mujer pecadora y débil pudiera tener una relación eterna con Él.

¡Gloria a Dios!

Sarah Jerez

Sarah Jerez es una escritora, cantautora y líder de adoración que, junto con su esposo, Jonathan, cofundó y dirige *Jerez Music*, que busca brindar recursos musicales y de adoración para las iglesias de habla hispana y la comunidad latinoamericana. Es conocida por canciones como «Arraigado», «El Dios que adoramos» y «Vivir es Cristo», entre otras. Pero, sobre todo, ama a Jesús y le apasiona ayudar a otros a comprender, atesorar y expresar verdades profundas sobre Dios, Su Palabra y el evangelio a través de la música. Ella es esposa de pastor que disfruta servir a su iglesia local y una madre que educa a sus hijos en el hogar, tratando de leer, escribir y componer canciones en medio de todo. Ella y su esposo viven en los suburbios de Chicago con sus cinco hijos, dos gatos y un gigante perro labrador. Puedes encontrarla en Jerezmusic.com y en Instagram @sjerezg.

Una vida consagrada al Señor

Lucas 1:25-56

Capítulo 2

María, la Madre - Sierva del Señor

Al principio de cada uno de los Testamentos nos encontramos con una mujer. En Génesis, al inicio del Antiguo Testamento, aparece Eva, la madre de todos los vivientes. En el Nuevo Testamento es el Evangelio de Lucas el que nos presenta a una jovencita común y corriente que pronto se encontraría en el centro del evento más importante de toda la historia.

Ella era una joven judía común, pero ocupó un lugar especial en la historia de la redención por voluntad divina. María era un nombre muy popular en su tiempo. Quizás tenía unos catorce años al momento en que aparece en los Evangelios. Vivía con sus padres en Nazaret, una ciudad de Galilea, cuando toda la región estaba dominada por el Imperio romano. Su familia no tenía muchos recursos ni era de influencia. María, al igual que muchos judíos de su tiempo, esperaba la redención y la libertad que traería el Mesías prometido en las Escrituras.

María estaba comprometida para casarse con José, lo cual era normal para su edad en ese tiempo. Los Evangelios de Mateo y de Lucas mencionan que José era del linaje del rey David.[1] Era común que el padre de la novia diera a su hija en matrimonio a un hombre respetable de la comunidad para aliviar la carga económica de la casa al recibir una compensación económica por ella. Este compromiso era muy importante en el proceso matrimonial y tan vinculante como el matrimonio mismo. María y José eran esencialmente marido y mujer por estar comprometidos, aunque no consumaron el matrimonio hasta después del nacimiento de Jesús (Mat. 1:25).

María recibe el anuncio de Dios: Rendición y fe

María estaba encaminada a vivir una vida simple, común y nada impresionante. Sin embargo, esta joven halló gracia delante de Dios y de pronto se encontró en el centro del plan de Dios para salvar al mundo a través de la llegada del Mesías, Su propio Hijo Unigénito. No se había escuchado la voz de Dios por más de 400 años, pero ese silencio se rompe cuando el ángel Gabriel le da la noticia a María de que había sido escogida para una encomienda extraordinaria. Dios entra en escena otra vez y torna su mundo al revés. Solo la gracia de Dios le da a María el privilegio de participar en Su plan de redención. ¡Qué inmenso honor! Es un misterio y un gran milagro de Dios saber que la creada daría a luz a su Creador, la dadora de vida daría vida al Dador de la vida. María cuidaría de Aquel que guardaba su alma. María sería madre de su Salvador.

1. Ver las genealogías en Mateo 1 y Lucas 3.

> **La creada daría a luz a su Creador, la dadora de vida daría vida al Dador de la vida. María cuidaría de Aquel que guardaba su alma. María sería madre de su Salvador.**

De manera milagrosa, María concebiría a Jesús, el Hijo de Dios, por intervención divina. ¿Cómo se habrá sentido esta adolescente al recibir esas noticias increíbles? Lucas nos dice que sintió temor y también se sintió abrumada por tamaño anuncio. Es normal que María estuviera desconcertada y por eso el ángel la conforta con estas palabras:

> «El Señor está contigo» (v. 28).
> «Has hallado gracia delante de Dios» (v. 30).
> «El Espíritu Santo vendrá sobre ti, y el poder del Altísimo te cubrirá con Su sombra» (v. 35).

María era una joven común que vivía en un pequeño lugar, pero allí estaba el Señor, y eso hacía toda la diferencia. María halló gracia delante de Dios, tenía un corazón completamente rendido al Señor y fue escogida para una encomienda imposible para ella, pero no imposible para Dios, «porque ninguna cosa será imposible para Dios» (v. 37).

La historia de María nos enseña que cuando Dios da una encomienda, por imposible que parezca, Él proveerá todo lo necesario para llevarla a cabo. María confía en el Señor, descansa en Su presencia, Su promesa, el empoderamiento del Espíritu Santo y no en sus fuerzas para llevar a cabo esta encomienda divina. Dios la usaría para traer al mundo al Verbo encarnado que tendría por nombre Jesús, que significa «Dios salva». Él sería llamado «Hijo del Altísimo», Dios le daría «el trono de Su padre David», reinaría «sobre la casa de Jacob para siempre» y «Su reino no tendrá fin» (vv. 32-33).

Quizás pudo recordar algunas de las profecías y promesas del Antiguo Testamento sobre la venida del Mesías. Los profetas habían hablado de este Rey que vendría a traer paz y justicia. Ella estaba viviendo el cumplimiento de una profecía de Isaías proclamada unos 700 años antes: «Por tanto, el Señor mismo les dará esta señal: Una virgen concebirá y dará a luz un hijo, y le pondrá por nombre Emmanuel» (Isa. 7:14). Emmanuel significa «Dios con nosotros», y ciertamente Dios venía a rescatar a Su pueblo y a María, el instrumento de Dios.

María responde al anuncio del ángel con estas impactantes palabras con significado eterno:

> «Aquí tienes a la sierva del Señor; hágase conmigo conforme a tu palabra» (v. 38).

Es posible que María se haya sentido agradecida, inútil, débil, y temerosa. Pero antes de hacer más preguntas o de imaginarse todas las implicaciones que tal anuncio traería a su vida, de su boca y, más importante aún, de su corazón salió un «sí, Señor». María nos enseña a responder con fe y obediencia ante la Palabra de Dios.

María visita a Elisabet: El duro camino de la obediencia

La visita de María a su prima pudo ser para confirmar lo que el ángel le dijo (v. 36) y también en búsqueda de apoyo, ánimo, y consejo. Elisabet la recibe y le dice: «bienaventurada la que creyó que tendrá cumplimiento lo que le fue dicho de parte del Señor» (Luc. 1:45). Al igual que su padre Abraham, María es bienaventurada por su *fe* (ver Gén. 15:16; Hab. 2:4; Rom. 1:17). María le creyó a Dios, se rindió a Su voluntad y el Señor se deleitó en usarla porque eso hace con los que están dispuestos a rendirse por completo a Él. Ella es un modelo de humilde sumisión y confianza en Su palabra y Sus promesas. María respondió con rendición a los planes y propósitos de Dios, y su corazón se llenó con adoración. Frente a tal misericordia, de su alma brota una canción de alabanza a Él:

> «Mi alma engrandece al Señor,
> Y mi espíritu se regocija en Dios mi Salvador.
> Porque ha mirado la humilde condición de esta su sierva;
> Pues desde ahora en adelante todas las generaciones me tendrán por bienaventurada.
> Porque grandes cosas me ha hecho el Poderoso;
> Y santo es Su nombre...» (Luc. 1:46-49).

María glorifica al Señor porque, a pesar de su juventud, tenía un entendimiento profundo de Dios, de Su Palabra, de Su carácter, de Sus promesas y de Su fidelidad hacia Su pueblo. La caída vino por engaño, orgullo y autoexaltación. La redención vendría por fe, humildad y rendición. María aún no comprendía por completo las implicaciones de su llamado, pero estaba dispuesta a ofrecerse al Señor como Su sierva. María había comenzado toda una vida de sacrificio y descubriría lo que significaba una vida que había abrazado a Jesús. ¿Cuál sería el costo de este «sí»?

El camino de la obediencia no está libre de dificultades y María las experimentó por completo. Ese anuncio magnífico trajo consigo una vida de vergüenza y deshonra, hasta llegar a ser considerada infiel. Se puso en riesgo su matrimonio, reputación y hasta su propia vida, porque una mujer que quedaba embarazada fuera del matrimonio merecía la muerte. El Señor tuvo que intervenir y revelarle a José que María había dicho la verdad y por eso la recibió nuevamente (Mat. 1:18-21).

Una vida con Jesús: Un sufrimiento glorioso

Los detalles del nacimiento de su hijo fueron menos que ideales. María estaba por dar a luz y tuvo que viajar con José aproximadamente 145 km (90 millas) desde Nazaret a Belén por un edicto del emperador romano que los obligaba a participar de un censo. Al no poder encontrar dónde hospedarse, terminan en un establo. Estos humildes comienzos fueron un adelanto de un Salvador que no tendría ni «dónde recostar la cabeza» (Mat. 8:20). María pudo haber dudado en esos momentos y luchado en su corazón. ¿Será que realmente este es el Hijo de Dios? ¿Un rey nacido en un establo? ¿Somos apropiados para criar al Mesías? Ella tenía que confirmar que no era en sus fuerzas ni en sus recursos y por eso la visita de los pastores y, tiempo después, de los magos debe haber impresionado su corazón y confirmado la naturaleza de su hijo. Si en algún momento se sintió desanimada o incrédula por las circunstancias del nacimiento, el Señor se encargó de disipar estas sensaciones con el testimonio de los pastores: «María atesoraba todas estas cosas, reflexionando sobre ellas en su corazón» (Luc. 2:19). A nosotras también nos corresponde no solo ser conscientes de las circunstancias, sino, por sobre todo, de lo que el Señor nos quiera mostrar con el testimonio de las Escrituras más allá de lo que estemos viviendo.

Cuando les tocó presentar a Jesús en el templo como se requería por ley de Moisés, también fueron recibidos con revelaciones sobre la naturaleza de su hijo. Mientras ofrecían un sacrificio muy modesto, un hombre piadoso llamado Simeón fue movido por el Espíritu, tomó a Jesús en sus brazos y profetizó sobre Él. Los padres quedaron asombrados ante tales palabras y, en consideración a María, el Señor le dice cuánto sufrirá en el futuro por la obra que Jesús venía a cumplir (Luc. 2:33-35).

La vida de Jesús y, por ende, la de María, estaría llena de contradicciones y paradojas. Jesús sería celebrado y recibido por algunos y condenado por otros. De seguro esto le causaría mucho dolor a Su madre. María había recibido favor y gracia de parte de Dios, pero estarían acompañados de sufrimiento profundo por la respuesta humana.

María y José se ven obligados a huir a Egipto para proteger a su hijo de la persecución del rey Herodes, quien buscaba matar al supuesto rey judío que venía a usurpar su trono. Rebecca McLaughlin reflexiona en este suceso: «Sí, Jesús es el Rey prometido de Dios. Pero desde su infancia, [María] ve cuán controversial es Jesús. Algunos viajan mucho y lejos para adorarlo, mientras que otros odian tanto a Jesús que lo quieren muerto».[2]

María y el entendimiento del Hijo de Dios: Un conocimiento que crece y se fortalece

María tuvo que ir descubriendo con los años qué significaba que su hijo fuera el Hijo de Dios. Aunque tuvo destellos,

---

2. McLaughlin, Rebecca. *Jesus Through the Eyes of Women: How the First Female Disciples Help Us Know and Love the Lord.* (Austin, TX: The Gospel Coalition, 2022), pág. 46.

no podía comprender la magnitud de quién era Jesús. Por ejemplo, cuando se les pierde durante una visita a Jerusalén y lo encuentran en el templo, «ellos [María y José] no entendieron las palabras que Él les había dicho [...] Y Su madre atesoraba todas estas cosas en su corazón» (Luc. 2:50-51). María, al igual que cualquier otro ser humano, tenía sus altibajos. Me imagino que hubo días donde estaba llena de confianza, y otros en los que la abrumaban las dudas. Su oración seguramente fue como la del padre que pedía sanidad para su hijo y también como la nuestra:

«Sí, creo, pero ayúdame a superar mi incredulidad» (Mar. 9:24, NTV)

Su entendimiento debió ir expandiéndose mientras entendía y abrazaba la verdad y la voluntad del Padre sobre Su hijo, Su papel como Mesías y las implicaciones al venir «a salvar a Su pueblo de sus pecados» (Mat. 1:21). María tuvo un asiento en primera fila de la vida, el ministerio, la muerte y la resurrección de Jesús. Clavos traspasaron a su hijo en la cruz y una espada traspasó su propio corazón. Su camino de entrega y rendición llegó a su clímax al ver a su hijo, el Hijo de Dios, clavado a una cruz. Me pregunto si fue en ese momento en que todo lo que había guardado en su corazón vino como un torrente de comprensión a su mente y corazón.

Jesús se encargó de cuidar a Su madre aun desde la cruz y se la encargó a un discípulo que pudo ser el apóstol Juan (Juan 19:26-27). Desde ese primer día en que el ángel apareció con increíbles noticias hasta Su última aparición en el aposento alto con el resto de los apóstoles vemos que el Señor cuidó de Su sierva, que se sometió a Su voluntad y le glorificó con su vida de obediencia.

María y nosotras las mujeres: Confiar en el Señor hasta el final

Dios le da a la mujer un papel esencial, digno y estimado en la obra de la creación y en la redención de todas las cosas. Una mujer común y débil se vuelve partícipe de Su obra redentora en el mundo cuando se rinde por completo a Dios. El Señor cumplía con María lo que había declarado a la serpiente: «Pondré enemistad entre tú y la mujer, y entre tu simiente y su simiente; Él te herirá en la cabeza, y tú lo herirás en el talón» (Gén. 3:15-16). La semilla de la mujer, a través de María, venía a derribar para siempre al enemigo y pagar el precio por la liberación del pecado. Dice Jerram Barrs sobre María:

> «María es aquella a través de la cual llega la promesa a Eva, la promesa a Abraham y Sara, la promesa a Rut, la promesa a David: aquella a través de la cual todas estas promesas hallaron su cumplimiento cuando Jesús entró al mundo. Esta es, de hecho, la trascendencia del nacimiento de Cristo: es el punto de inflexión, el eje de todo lo que ocurre entre la caída y el final de los tiempos [...] Ninguna otra mujer en la historia de la humanidad ha experimentado el honor de habérsele solicitado ser la portadora del Mesías, de cargar el Hijo de Dios en su vientre, de darle a luz, de cuidar de él como un bebé. Y por supuesto, ¡ningún hombre podría llevar a cabo tal llamado! Así como Eva es "la madre de todos los vivientes" (Gén. 3:20), así María es la madre del Cristo».[3]

---

3. Barrs, Jerram. *Through His Eyes – God's Perspective on Women in the Bible*. (Wheaton, IL: Crossway, 2009), pág. 246.

María fue bendecida al ocupar la posición que tiene en la historia de redención y siempre tendrá la bendición única de ser la madre de Jesús. Todas debemos verla como modelo de fe y ejemplo de sumisión humilde al Señor. Las Escrituras nunca nos presentan a María como una mujer perfecta sin pecado, ni más especial o sabia que otras. Ella fue justa por su fe. Pero es un ejemplo maravilloso para nosotras, así como también lo son Abraham, Rut, Rahab y muchos otros héroes de la fe que pusieron su confianza plenamente en Dios. María no tenía todas las respuestas y enfrentó su insuficiencia como cualquier ser humano, pero sabía en Quién estaba su esperanza y perseveró en su fe hasta el final.

La vida de María está llena de enseñanzas para nosotras y sobre cómo es nuestro gran Dios. Ninguna de nosotras seremos madre del Mesías, pero sí nos podemos identificar con ella de muchas maneras. Veamos algunas de ellas a continuación.

Quizás te sientes identificada con la *condición humilde* de María. Te sientes pequeña e insignificante y te parece que nada de lo que puedas hacer marcará realmente una gran diferencia. Lo primero que debes recordar es que Dios crea todo de la nada y usa lo poco para hacer mucho. Como dice Francis Schaeffer:

> «La Escritura enfatiza que mucho puede salir de poco si lo poco está verdaderamente consagrado a Dios [...] No hay gente pequeña a la vista de Dios, así que no hay lugares pequeños. Estar totalmente entregado a Dios en el lugar donde Dios lo quiere: esta es la criatura glorificada».[4]

---

4. Schaeffer, Francis. *No Little People.* (Wheaton, IL: Crossway, 2003), pág. 25.

No importa tu edad, posición social, historia, belleza, talento o finanzas si te rindes a Dios y vives fielmente para Él. El Señor te ve y Él te usa para Sus propósitos con Su poder. Jesús no está ajeno a nuestros lugares pequeños y nuestras posiciones humildes. Él nos usa en Sus planes divinos y eternos de maneras inesperadas cuando nos rendimos a Dios en nuestros lugares pequeños y ordinarios. No puedes perder de vista esta verdad en 2 Corintios 4:7, «Pero tenemos este tesoro en vasos de barro, para que la extraordinaria grandeza del poder sea de Dios y no de nosotros». Dios se goza en darle fuerzas a la desfallecida y de dar favor a la humilde de corazón: «Porque los ojos del Señor recorren toda la tierra para fortalecer a aquellos cuyo corazón es completamente Suyo» (2 Crón. 16:9).

¡Qué buenas noticias! Dios quiere que nosotras sus hijas le sirvamos, pero no nos deja solas para realizar la encomienda. Dios es fiel a Sus promesas y provee para suplir nuestra necesidad, insuficiencia e incapacidad con Su gracia y poder.

Quizás te sientes identificada con las *dificultades y pruebas* que enfrentó María. Dios se mostró fiel y suficiente al sustentarla y cuidarla toda su vida. Su forma de obrar y Sus caminos no dependen de nosotros y no son como los nuestros (Isa. 55:9). Si hay situaciones que te sobrepasan y te causan temor, aprende como María a confiar en que Dios siempre está con nosotras, que en Jesús hemos hallado «gracia sobre gracia» (Juan 1:16) y que Él «no nos ha dejado» (Juan 14:16), sino que nos ha dado Su Espíritu y «Su poder se perfecciona en nuestra debilidad» (2 Cor. 12:9).

La vida de María también confronta nuestra idea de una *vida bendecida*. ¿Qué significa ser realmente bendecida por Dios en un mundo donde buscamos ser y mostrar que somos *#bendecidas*? Hoy muchos imaginan que ser bendecida significa ser populares, felices, afluentes e influyentes. Pero María fue bendecida por Dios como ninguna otra mujer lo fue para ser usada, para sufrir, luchar, amar y para rendirse y glorificar a Cristo. Ser bendecida es creerle, obedecer y hacer la voluntad de Dios. Jesucristo dijo que los «bienaventurados» son «los pobres en espíritu», «los que lloran», «los humildes», «los justos», «los compasivos», «los de limpio corazón» y «los que son perseguidos» (Mat. 6:3-10). María puso su fe en el único que es perfectamente justo y fiel a Sus promesas. Por lo tanto, ser bendecida es recibir el amor, el favor, la gracia y la misericordia de Dios por medio de Jesucristo. Ese mismo amor, esa misma gracia y bendición están disponibles para nosotras cuando ponemos nuestra fe en Jesús.

María fue llamada «muy favorecida» y «bendita eres tú entre las mujeres», pero eso no significó una vida sin problemas o llena de riquezas materiales y salud. Por el contrario, ella nos enseña que es probable que una vida consagrada al Señor no transcurra como la planeamos; no estará libre de dificultades, pero se nos concederá el privilegio de Su presencia, de «sufrir con Él» y exaltarlo con nuestra vida (ver Rom. 8:17; 1 Ped. 4:13). Vivir para Jesús significa «calcular el costo» (Luc. 14:28) y abrazar el sufrimiento (Fil. 1:29). Los sacrificios por Jesucristo siempre valen la pena porque a pesar de los dolores, en todo Cristo es suficiente y cumplirá Sus propósitos para nuestro gozo y Su gloria. Jesús fue y va delante y Él cuida de nosotras (Heb. 12:2-3).

La vida de María también exalta *la honrosa y digna labor de dar vida*. La maternidad es muy costosa y está llena de sacrificios, riesgos y pruebas. Pero la maternidad abnegada y dedicada a Dios es de valor inestimable. El enemigo quiere que despreciemos y minimicemos nuestra habilidad y llamado de dar vida por los sacrificios que conlleva y el dolor que la acompaña (Gén. 3:16). Sin embargo, Dios le ha dado a la mujer un papel esencial porque la maternidad es una de las formas en las que Dios ha diseñado a la mujer para participar en la redención de todas las cosas (ver Gál. 4:4; 1 Tim. 2:14-15; 1 Cor. 11:11-12).

Las mujeres debemos abrazar el llamado de dar vida sin importar el costo, con todas sus alegrías y sus tristezas. Debemos reconocer que nuestros hijos son de Dios y nos son prestados por un poco de tiempo para cumplir Sus propósitos. María quiso, a veces, intervenir en el llamado o los planes de Dios en la vida de Jesús, pero supo someterse a Dios y crecer en cada oportunidad.

María participó como mujer en el *plan divino de redención.* Dios concede a todas sus hijas sin distinción el privilegio de participar en Su obra de redención. Todas tenemos la oportunidad diariamente de poner toda nuestra confianza en Dios, de obedecerle, de rendir todo a Él, de abrazar las dificultades y riesgos que hay al dar nuestras vidas en servicio a Él y a los demás. Jesús fue tan compasivo y misericordioso como para llamarnos Su madre y Sus hermanas, si hacemos la voluntad de Dios (Mar. 3:31-35).

De María aprendemos que *no necesitamos ser protagonistas.* El protagonista en la vida de María fue su hijo. Ella vivió para apuntar todo hacia Él. ¿Quién era este hijo de María? Los ciudadanos de Nazaret se hicieron esta pregunta cuando Jesús regresó a enseñar: «¿No es Este el Hijo del carpintero? ¿No se llama Su madre María, y Sus hermanos Jacobo, José, Simón y Judas?» (Mat. 13:55). El ángel le dijo a María algo que los profetas, los pastores, los magos, su prima Elisabet,

Ana y Simeón también le dijeron de diferentes maneras y que nunca olvidó:

> «Este será grande y será llamado Hijo del Altísimo, y el Señor Dios le dará el trono de Su padre David; y reinará sobre la casa de Jacob para siempre, y Su reino no tendrá fin» (Luc. 1:32-33).

El hijo de María es el Hijo de Dios, el Hijo del Altísimo, Emmanuel, el Mesías prometido a Israel, el Hijo de David, el Rey cuyo reino no tendrá fin, el Salvador que ella misma esperaba. Por lo tanto, como lo dijo McLaughlin:

> «María fue la primera en descubrir el nombre de Jesús, la primera en saber que él era el Hijo de Dios, la primera en darse cuenta de que su hijo sería el Rey eterno de Dios que desafiaría a la muerte».[5]

Oro para que nuestro espíritu sea el mismo de María: «Aquí tienes a la sierva del Señor; hágase conmigo conforme a tu palabra» (Luc. 1:38). Ríndete a Jesús como tu Salvador, Señor y Rey y que tu vida refleje lo que María dijo a otros: «Hagan todo lo que Él les diga» (Juan 2:5).

---

5. McLaughlin, Rebecca. *Jesus Through the Eyes of Women: How the First Female Disciples Help Us Know and Love the Lord.* (Austin, TX: The Gospel Coalition, 2022), pág. 25.

Edyah Ramos

Edyah Ramos comenzó a hacer videos en YouTube en 2015 sobre lo que Dios estaba haciendo en su vida. En 2016 tuvo la oportunidad de tener su propio programa de radio *Encontrando el camino* el cual se transmitía por Facebook live, y a través del cual se dio a conocer en las redes sociales. Está casada con Jaasiel Ramos y viven en Texas.

Solo Jesucristo satisface nuestras expectativas más profundas

Lucas 2:36-38

Capítulo 3

Encuentro de Jesús con Ana la profetisa

Comprender la profundidad y la relevancia de estos versos requiere conocer con cierta claridad la ubicación y las circunstancias de lo que estaba sucediendo en ese momento. Este evento tiene lugar en el templo, el lugar sagrado donde los judíos iban a adorar y presentar sus ofrendas. Ahora podemos adorar en todo tiempo y en cualquier lugar, pero en ese entonces se debía ir al templo para adorar, orar, presentar ofrendas y escuchar la lectura de las Escrituras. Lucas menciona un poco antes que José y María llevaban a Jesús cuando tan solo tenía cuarenta días de nacido para presentarlo al Señor en el templo conforme al mandato de la ley religiosa (vv. 22-24).

El primer encuentro que tuvieron José y María al llegar al templo fue con un hombre llamado Simeón, a quien «le había sido revelado por el Espíritu Santo, que no vería la muerte antes de que viese al Ungido del Señor» (v. 26, RVR60). Tomó al niño en sus brazos y comenzó a adorar a Dios, bendecirlo y hablarles sobre las maravillas que estaban por venir y le contó a María del sufrimiento que el niño padecería en el futuro. Sin duda, los padres de Jesús quedaron atónitos ante ese recibimiento. Luego de esa interacción es que Lucas narra el encuentro de Ana con Jesús.

A diferencia de María y José que fueron al templo con una razón específica, Ana en realidad pasaba noche y día sirviendo allí y haciendo ayunos y oraciones. Lucas describe a una mujer que invertía su tiempo sirviendo en el templo, por lo que no era nada fuera de lo normal que ella estuviera en ese mismo momento como cualquier otro día. La única diferencia fue el encuentro que tuvo con el Salvador y lo que sucedió después.

¡Ese momento fue de gran impacto! Para nosotras ya es normal pensar en Jesús, Su encarnación, Su paso por esta tierra y Su sacrificio porque tenemos la historia completa escrita en la Biblia. Pero pongámonos en el lugar de estas personas y contemplemos algunos aspectos particulares que deberíamos conocer. En primer lugar, entre el Antiguo Testamento y el Nuevo Testamento hubo alrededor de 400 años de silencio. En el Antiguo Testamento, vemos cómo había profetas, líderes y distintas personas que Dios levantaba para hablar mediante ellos al pueblo. Sin embargo, llega un momento en donde esas revelaciones divinas se detienen y no hay revelación nueva de Dios hasta la venida de Jesús a la tierra.

Ese momento no solo llega cuando vemos a Simeón recibiendo revelaciones del Espíritu Santo y profetizando, sino que también vemos a Ana como profetisa, una función que, según Matthew Henry, puede significar «que era alguien con entendimiento en las Escrituras superior a las otras mujeres, y hacía su prioridad instruir a las mujeres más jóvenes en los caminos de Dios».[1] Poco a poco los tiempos estaban cambiando y era evidente.

Por un lado, si ponemos atención a la última parte la historia, nos podremos dar cuenta de que había personas esperando la redención de Dios en Jerusalén. Tengamos en cuenta que se había estado esperando el cumplimiento de la promesa de redención desde la primera promesa mesiánica dada en Génesis (Gén. 3). Todo el Antiguo Testamento apunta a esa promesa venidera. Se había construido una tensión de expectativa de generación tras generación producto de esa esperanza de redención divina que traería libertad.

Por otro lado, vemos que no solo se había roto un silencio de 400 años, sino que la promesa tan esperada había empezado a cumplirse y Ana fue testigo de esa realidad. La gran esperanza del mundo, lo que por múltiples generaciones se había enseñado, lo que los profetas anunciaron se había vuelto una realidad. Ana la profetisa tuvo la oportunidad de ver a José y María cargando al Mesías, el Salvador tan esperado. El tiempo había llegado.

Un sentido de la vida superior

Ana vivió en tiempos en que el papel y la estabilidad de la mujer dependían mucho de su estado civil. ¿Te imaginas el impacto social, económico y cultural de perder a tu esposo en ese tiempo? No solo incluía el correspondiente

1. Matthew Henry, *A Commentary on the Whole Bible*, vol. 5, (Peabody, Massachusetts: Hendrickson Publishers, 2008), pág. 605.

dolor ante la pérdida, sino también todas las incógnitas e incertidumbres que la viudez traía consigo. Si enviudar en el día de hoy es un reto enorme, realmente lo era aún más en tiempos pasados.

A diferencia de nuestros tiempos en los que las mujeres pueden estudiar, trabajar, emprender y hacer un camino personal en el ámbito laboral, en aquellos tiempos la situación de las mujeres era muy distinta. Ellas dependían demasiado de sus maridos, y para una mujer era casi imposible salir adelante por sí misma. Muchas veces la solución después de enviudar jóvenes era buscar volver a casarse y comenzar de nuevo para obtener estabilidad.

Me impresiona cómo en tan pocas palabras y en un par de versículos podemos descubrir tanto de una mujer de la cual no sabemos mucho. Sin embargo, su manera de vivir nos habla de una vida digna de explorar. Lo que más me llama la atención de la vida de Ana es la manera en la que invertía sus días, sobre todo por las circunstancias que le tocó vivir. Lucas nos dice que había enviudado después de tan solo siete años de matrimonio. Aunque no sabemos todos los detalles de su vida, sabemos que en aquellos tiempos solían casarse a una edad muy temprana, por lo que no sería inusual que se haya casado a los catorce años, lo que implicaría que para sus veintiún años ya era viuda.

Teniendo esa larga viudez y todo lo que implica en mente, ¿no crees que es sorprendente que no se apartaba del templo? Se presentaba a la misma hora todos los días y servía de día y de noche. Lucas no deja en claro si Ana tenía en ese momento ochenta y cuatro años o si había sido viuda todo ese tiempo. Lo cierto es que era ya una mujer anciana en ese momento y que había pasado viuda la mayor parte de su vida. La manera en la que invirtió su tiempo es opuesta a lo que yo hubiera pensado que haría una mujer en su posición y en ese tiempo. Se quedó viuda tan jovencita y decidió usar toda su vida, juventud y tiempo para servir en el templo, no para buscar esposo y vivir una vida más tranquila o ahogarse en su duelo y vivir en amargura por el resto de sus días.

Si lo vemos desde afuera podríamos pensar que se trata de una mujer que lo había perdido todo. Pasó la mayor parte de su vida como una mujer viuda y sin cumplir con ese papel de esposa o madre al que, en ese tiempo, se le daba mucho énfasis. Procrear y tener muchos hijos era una meta deseada y hasta obligatoria para toda mujer. Esa era una gran desventaja para ella como mujer en esos tiempos y hasta podríamos imaginar las luchas en su humanidad como mujer. Sin embargo, nos encontramos con una mujer llena de gratitud, adoración y servicio.

Lo que pudo haber derribado a tantas mujeres y hacerlas perder el sentido de la vida, impulsó a esta mujer a gozar de una vida de devoción a Dios. ¿Será que había encontrado esa respuesta para vivir que muchas personas han buscado toda su vida? ¿Será que encontró algo que lograba satisfacer su vida, corazón y vacíos? ¿Será que Ana había encontrado algo de sumo valor en la presencia de Dios que le era mejor que cualquier sueño o anhelo en esta tierra? La respuesta a estas preguntas no puede ser más que un rotundo sí.

Una esperanza que no defrauda

Ana dedicó su vida completa a la devoción y el servicio a Dios. Es verdad que suena como especial y único, pero te pregunto: ¿no es eso lo que todas deberíamos anhelar? Muchas veces nos privamos de vivir vidas consagradas porque pensamos que solamente lograremos la plenitud de la vida y ser usadas por Dios si cabemos en el molde de nuestras propias expectativas o de las que nos imponen nuestros tiempos. Pero es justo en lo incierto, en lo desconocido y aun en lo ordinario que podemos descubrir la mano extraordinaria de Dios.

Las hijas de Dios debemos entender que la solución a los más grandes dilemas, injusticias y complicaciones que vivamos siempre va a ser Jesús. No existe solución verdadera y suficiente para nuestros dilemas fuera de Él. La aplicación de esta realidad la podemos ver reflejada en la vida de Ana. Ella había encontrado la esperanza verdadera que no defrauda y no cambia con las circunstancias. Ana sabía que su dignidad, valor, propósito e identidad no se encontraban en cumplir su papel como esposa o madre, sino en la esperanza de redención en Jesucristo. Ana tenía una esperanza garantizada por Dios que no defrauda.

Somos mujeres que vivimos en una época o sociedad completamente distinta a la que Ana vivió en su tiempo. Sin embargo, nuestras circunstancias podrán ser diferentes, pero enfrentamos las mismas luchas y los mismos retos. La diferencia en la vida de Ana y en nosotras estará en cómo enfrentamos estos retos ahora como hijas de Dios. Lo cierto es que, aunque los tiempos han cambiado, las presiones sobre la mujer siguen en aumento y han ahogado la fe de muchas cristianas y hasta las han confundido.

Sin importar cuánto tiempo ha pasado o continúe pasando, las presiones, los estereotipos y las luchas de la mujer siguen ocupando un lugar prominente en la sociedad ya que son resultado del pecado. Aunque esto no es algo de lo que nos podamos librar, la Palabra y el ejemplo de Ana nos enseñan que hay una manera de enfrentarlos con fe, esperanza y gozo. Esto solo podrá suceder si mantenemos nuestros ojos fijos en Jesús.

El pecado mismo y los retos de la vida diaria se han convertido en la carnada perfecta para desviar nuestra mirada de lo que realmente importa. Nos dejamos envolver y seducir por los cantos de victoria aparente que el mundo anuncia con engaños. Cuanto más avanza el tiempo podemos ver cómo diversos movimientos se levantan y reclaman que tienen la respuesta a los sufrimientos, las injusticias y las decepciones que las mujeres enfrentan. Sin embargo, si los analizamos de cerca podemos ver cómo esas supuestas respuestas van en dirección opuesta de lo que Dios ha establecido y hablado sobre Sus hijas.

Lo cierto es que no podemos evitar la realidad del pecado y el dolor que nos produce. Solemos pensar que el pecado es únicamente esas acciones detestables como el homicidio, el adulterio, el robo y todo aquello que cualquier persona con la más mínima conciencia moral pudiera detestar. Pero el pecado es primeramente nuestra separación de Dios y su fruto es el dolor, la pérdida, el egoísmo, el orgullo y hasta la muerte misma. Esas circunstancias humanas nos empujan a buscar soluciones que nos traigan un poco de esperanza, paz y hasta contentamiento. Pero no nos damos cuenta de que dichas soluciones si no vienen de Dios, entonces provendrán del pecado y, por lo tanto, nos dejarán con falsas promesas que nunca producirán lo que anhela nuestro corazón. Solo nos ofrecen una salida temporal e insuficiente.

¡Aquí es donde entra la gran victoria que tenemos mediante el sacrificio de Jesús!

Si perdemos de vista las buenas noticias del evangelio, todo pierde perspectiva, porque empezamos a ver la vida desde la lente equivocada. Vemos meramente la vida terrenal e ignoramos la vida espiritual y eterna. El pecado entró en el jardín del Edén y fue la caída de la humanidad y la creación que, como mencionaba antes, continúa teniendo un sinfín de consecuencias en nuestras vidas. La más grande de esas consecuencias era que ese pecado causaba una separación entre el pecador y el Dios santo. Bajo esa realidad no había esperanza absoluta que trascendiera la vida en esta tierra. Sin embargo, Dios en Su misericordia creó un camino donde no lo había y estableció Su plan de redención al enviar a Su Hijo a morir y otorgar salvación a quienes no lo merecían.

¡Ana vivía con esa esperanza!

La obra de Cristo en esa cruz lo hace digno de nuestra devoción, de vivir buscando glorificarlo, de conocerlo y hablar a otros de Su maravillosa persona y obra. Ana entendió que un esposo, una familia o cualquier otra bendición en esta tierra no se comparaban con la gran promesa mesiánica que ella llevaba tiempo esperando y que logró ver hecha una realidad con sus propios ojos. El ejemplo de su fe nos debe llevar a contemplar lo que es vivir en la esperanza que encontramos en Cristo Jesús.

Acceso directo al Padre y completa satisfacción en Cristo

De entre las diversas pruebas y retos que enfrentamos en esta tierra, me gustaría que nos enfocáramos en uno que se encuentra dentro de nosotras: las expectativas. Así sea Ana, cualquier otra mujer en los tiempos bíblicos o una mujer en la actualidad, todas nosotras tendemos a crear expectativas sobre nuestro físico, vida y futuro. De algún modo creamos un plan y desarrollamos ideas que creemos son lo mejor para nosotras y que darán como resultado nuestra felicidad y sentido de propósito.

Una de las expectativas que con más regularidad desarrollamos es la de encontrar al amor de nuestras vidas. Hay un deseo interno que nos empuja a buscar un esposo, es decir, sentirnos amadas por un gran hombre. Aunque ese deseo en sí no es malo y a muchas de nosotras Dios nos bendice con el regalo del matrimonio, lo que debe quedar claro es que, de ese encuentro, por más perfecto y satisfactorio que sea, no proviene nuestra valía como mujeres y mucho menos nuestro sentido de propósito.

El gran problema con esta expectativa es que establecemos nuestra identidad como mujeres en encontrar nuestra pareja. Esto es tan serio que podemos encontrar mujeres que viven una vida totalmente en pausa porque están esperando a que llegue esa persona que las va a valorar, completar y será casi el antídoto a cada problema e insatisfacción de sus corazones. Puedo admitir que he pasado por momentos así, pensando que lo que más necesitaba en esta vida era ser amada por un hombre.

El deseo de encontrar un buen hombre y llegar al matrimonio perfecto es una de muchas otras expectativas que saturan nuestros corazones con insatisfacción. También existen otros deseos-expectativas como el de ser madre, lucir físicamente de cierta manera, lograr algún tipo de carrera universitaria y laboral, tener una vida como la de algunas mujeres en Instagram y muchas otras expectativas más que lo único que hacen es robarnos la atención de lo más importante, seguro, fructífero y hermoso en nuestras vidas: nuestra salvación y plenitud en Cristo. Las mujeres del mundo se pierden en tantas luchas para alcanzar ciertos estándares femeninos porque creen que alcanzando tales expectativas encontrarán paz, dignidad y valor. Pero nosotras que conocemos el evangelio debemos vivir de una manera realmente opuesta.

La historia de Ana puede lucir como nuestra historia en algunos detalles. Sin importar nuestro estado civil, en algún momento de nuestras vidas hemos experimentado tristeza, decepción, insatisfacción, frustración, enojo, envidia o como llames a esa emoción causada por sueños o expectativas incumplidos. Aun las cristianas solemos pasar el tiempo deseando algo más, sintiendo que, si Dios contestara nuestra oración, si tan solo nos diera eso que tanto anhelamos, entonces todo sería mejor, todo se solucionaría, pero si no lo obtenemos tendemos a poner a Dios a prueba e incluso hasta dudar de Él y de Su misericordia.

No desperdiciemos el tiempo buscando esa satisfacción en situaciones o personas fuera de Jesús. Su obra en la cruz solucionará tu principal problema de separación de Dios, tus pecados serán perdonados, serás hecha hija de Dios y gozarás del Señor para siempre. Él siempre ha sido y continuará siendo la respuesta a los deseos más profundos de nuestro corazón. Nos ha creado para Su gloria y para estar plenas en Él. Tal vez al leer esto te surjan preguntas de cómo vivir en esa esperanza cuando hay tanto caos en tu vida (si no te has hecho esa pregunta me gustaría que te la hicieras). No quisiera que se piense esta relación especial con Jesucristo como un remedio para vivir una vida color de rosa. Lo digo porque la vida como cristianas no es fácil y te mentiría si te dijera que de un día a otro amaneces totalmente transformada, sin dudas, con una fe inmensa, un gozo que no se va para nada y que todo te sale bien en la vida. Lo cierto es que es un proceso de crecimiento continuo de todos los días, con altas y bajas, pero donde siempre vamos aprendiendo y madurando.

No quisiera que veamos a Ana o a cualquiera otra mujer de la Biblia y actuemos como si estuviera lejos de nuestro alcance seguir su ejemplo. Lo cierto es que gracias al sacrificio de Jesús tenemos acceso directo al Padre. Ya no tenemos que vivir en el templo día y noche como Ana porque ese era el único lugar donde podía adorar. Ahora tú y yo en cada momento y temporada tenemos acceso a nuestro Ayudador, Guía, Protector, Proveedor, Salvador y Padre bueno. Lo cierto es que en la actualidad y por el resto de nuestros días enfrentaremos retos, desilusiones, expectativas y tantas voces que se levantan con el tiempo y la única manera en la que nos podremos mantener firmes es corriendo al que nos ha rescatado y nos recibe con los brazos abiertos siempre.

El Salvador de todas

Siempre se nos dice que debemos tener la mirada fija en Jesús, que Él es suficiente y mayor que cualquier anhelo en nuestro corazón, pero a pesar de la insistencia y claridad de ese mensaje verdadero, surge en nuestros corazones cierta incertidumbre que nos hace decir: «Entiendo lo que me dices, pero ¿qué hago con mi vida?». De algún modo pareciera que seguimos navegando este concepto de alcanzar nuestros sueños y encontrar plenitud en ellos, pero la realidad es que Dios ya ha establecido algo.

La razón por la cual muchas veces terminamos frustradas y decepcionadas por nuestros sueños fallidos y hasta por los cumplidos es porque no fuimos creadas únicamente para ser madres, esposas, estudiantes, hijas, hermanas o empresarias. Fuimos creadas para la gloria de Dios porque le pertenecemos y estamos llamadas a vivir para Él. En palabras de Pablo: «Porque de Él, por Él y para Él son todas las cosas. A Él sea la gloria para siempre. Amén» (Rom. 11:36).

Volvamos rápidamente al final del breve acontecimiento del encuentro de Ana con el pequeño Jesús y Sus padres. Lucas dice lo siguiente: «y hablaba del niño a todos los que esperaban la redención en Jerusalén» (v. 38b). Ana tenía la gran noticia del arribo del Mesías y no se la quedó para ella, sino que compartía esa esperanza con todos a su alrededor. Un pasaje que siempre me ha encantado y que tiene que ver con la actitud de Ana luego de confirmar la llegada del Mesías dice lo siguiente: «Pues ya que en la sabiduría de Dios, el mundo no conoció a Dios por medio de su propia sabiduría, agradó a Dios mediante la necedad de la predicación salvar a los que creen» (1 Cor. 1:21). Es necesario compartir las buenas nuevas de Cristo porque esa es la manera con que a Dios le ha placido ser conocido. Este llamado no es meramente para pastores, sino para cada creyente (Mat. 28:19).

Dentro del contexto y la temporada particular de cada una de nuestras vidas y más allá de cada lucha por alcanzar nuestros sueños y expectativas, siempre tenemos la gran oportunidad de vivir para algo mayor que nosotras, de hacer algo que tenga efecto en la eternidad. Eso es compartir el mensaje de salvación en Jesucristo. Tal como lo hizo con Ana a pesar de las difíciles circunstancias que le tocó vivir, Dios también tiene un propósito para nuestras vidas que empieza con conocerlo y hacerlo conocido por Su misericordia en nosotras. Que la historia de Ana nos ayude a recordar que la salvación que Cristo otorga no es meramente para ciertas personas. Cada ser humano lo necesita, Él es el antídoto a todos los males y nosotras podemos ser parte de Sus planes eternos.

Ana Ávila

Ana Ávila es escritora sénior en *Coalición por el Evangelio*, el sitio web de contenido cristiano más grande en español, donde ha servido por más de siete años. Cuenta con un título de Químico Biólogo Clínico por la Universidad de Sonora y un diplomado en Estudios Bíblicos por el Instituto Integridad y Sabiduría. Actualmente cursa una Maestría en Divinidad en el Southern Baptist Theological Seminary. Ana es académica consultora en la organización Blueprint 1543 y fue colíder de «Entrenamiento profundo para un impacto más amplio», un proyecto de fe y ciencia hecho posible por la Fundación Templeton. Ha escrito varios libros, entre ellos: *Lo que contemplas te transforma.*

Dios ofrece algo muchísimo mejor de lo que estamos buscando

Juan 4:1-43

Capítulo 4

Encuentro de Jesús con la mujer samaritana

Su piel ardía por el sol del mediodía. Sus pies estaban cubiertos de tierra y su frente brillaba de sudor. Consideró dar la vuelta, pero regresar con las manos vacías no era una opción. «Estás muy cerca», se dijo mientras trataba de ignorar el peso del cántaro. «El agua del pozo de Jacob vale la pena. Además, no habrá que esperar turno para sacarla», pensó como para darse ánimo y cumplir con la tarea.

Cuando se acercaba divisó una silueta solitaria que se sentaba junto a su destino. Suspiró. Quizá habría que esperar un poco antes de conseguir saciar la sed. «Paciencia», se dijo a sí misma. La ligera molestia, sin embargo, pronto se convirtió en una gran incomodidad. Con cada paso, la silueta se aclaraba más y más. Se trataba de un hombre... ¡judío! «Debí haber dado la vuelta», se castigó a sí misma.

El hombre no parecía interesado en tomar agua del pozo, así que la mujer samaritana se dispuso a cumplir con su tarea a toda prisa. Trató de ignorar al extraño mientras preparaba su cántaro, pero no pudo evitar verlo de reojo y notar el cansancio en su rostro. No llevaba comida ni agua... ni siquiera algo para sacarla. Sintió un poco de pena por él. Solo un poco.

Los intentos de pretender que aquel judío no existía se esfumaron cuando tres palabras rompieron el silencio: «Dame de beber». La mujer abrió mucho los ojos, pero se apresuró a recobrar la compostura. «¿Será que este hombre no entiende cómo funcionan las cosas por aquí?», pensó. Ella ni siquiera pretendió considerar su petición. «¿Cómo es que Tú, siendo judío, me pides de beber a mí, que soy samaritana?», le dijo mirando el suelo y con voz baja.

> «Si tú conocieras el don de Dios, y quién es el que te dice: "Dame de beber", tú le habrías pedido a Él, y Él te hubiera dado agua viva», respondió Jesús (Juan 4:10).

No pasó mucho tiempo antes de que la misma mujer que había caminado bajo el sol abrasador para evitar encontrarse con otros dejara su cántaro, entrara a la ciudad y hablara con todo el que se cruzara en su camino. Les contaría de ese hombre al que había tratado de ignorar y de la vergüenza que había tratado de ocultar.

Aquella tarde cerca de Sicar en Samaria, una mujer buscaba agua, pero se encontró con la Fuente de agua viva. Esa mujer buscaba pasar inadvertida, pero se encontró entre una multitud compartiendo lo que brotaba con fuerza de su interior. La historia de la samaritana nos recuerda que lo que Dios nos ofrece es mucho mejor que cualquier cosa que estemos buscando; lo que Dios nos ofrece es lo que, sin saberlo, nuestra alma más ha anhelado. La historia de la samaritana nos recuerda que eso que encontramos no es para mantenerlo estancado dentro nuestro, sino para compartirlo con todos aquellos que tengan oídos para escuchar.

Jesús es un hombre judío, pero se acerca a una mujer samaritana

Billy Graham no fue el primero en implementar la regla de Billy Graham.[1] Los rabinos iban mucho más allá que el famoso evangelista. Su objetivo no era meramente guardarse de pecar, sino, más bien, guardar su reputación. Ellos evitaban a toda costa hablar con las mujeres, ¡hasta el grado de limitar las conversaciones con sus cónyuges! «Un hombre no hablará a una mujer en la calle, ni siquiera con su propia esposa, y sobre todo con otra mujer, por lo que la gente pudiera pensar», enseñaban.[2]

Jesús parece no haber recibido el mensaje y si lo llegó a conocer no lo acató. La tradición humana no le impidió encontrarse con quien debía encontrarse públicamente en aquel pozo. Que fuera una mujer no representaba un problema para Él. Ni siquiera porque era samaritana. El

1. Billy Graham se comprometió a no viajar, encontrarse, ni comer solo con ninguna mujer que no fuera su esposa. Lee más sobre esto aquí: https://billygraham.org/story/the-modesto-manifesto-a-declaration-of-biblical-integrity/
2. H. L. Strack y P. Billerbeck, *Kommentar zum Neuen Testament aus Talmud und Midrasch*, vol. II, pág. 438. Citado por Leon Morris, *El evangelio según Juan*, vol. I (Viladecavalls, Barcelona:, Editorial Clie, 2008), pág. 318.

pueblo samaritano surgió de una mezcla entre judíos y gentiles tras la conquista de la región por el rey de Asiria en el año 722 antes de Cristo. Los samaritanos llegaron a tener sus propias escrituras, historia y su propio lugar de adoración. Muchos judíos los consideraban inmundos y preferían tomar el camino más largo de Judea a Galilea para no tener que atravesar el territorio de Samaria.[3]

Afortunadamente, a diferencia de muchos rabinos, a Jesús no le importaba lo que la gente pudiera pensar. Sabía que la inmundicia no la determinaba el sexo o la geografía. La verdadera inmundicia estaba en el corazón. Jesús había venido a rescatar a los suyos de esa inmundicia. Él «tenía que pasar por Samaria»[4] y «hacer la voluntad del que [lo] envió».[5] Todo lo demás pasaba a segundo plano. Sus discípulos parecían comenzar a entender todo esto cuando se sorprendieron, pero no le reprocharon por estar conversando con la mujer.[6]

Los Evangelios nos muestran cómo en reiteradas oportunidades Jesús rompió con las convenciones sociales para extender compasión a aquellos que eran despreciados por los demás. Él vino a salvar a Su pueblo que se encontraba entre todo estatus social y toda nación. El Señor no se acerca a nosotros por quiénes seamos, por nuestros méritos o de dónde vengamos, sino por quién es Él y por lo que Él vino a hacer. Delante de Él todos tenemos el mismo valor:

> «No hay judío ni griego; no hay esclavo ni libre; no hay hombre ni mujer, porque todos son uno en Cristo Jesús» (Gál. 3:28).

---

3. Biblia de Estudio NBLA, pág. 1679.
4. Juan 4:4.
5. Juan 4:34.
6. Juan 4:27.

Jesús tiene sed, pero ofrece agua viva

Dios se cansó y tuvo sed. Suena como una locura ¿no? Los docetas pensaban justamente eso, y por eso enseñaron que Jesús no tuvo un cuerpo humano, sino que simplemente parecía tenerlo. El docetismo fue una de las primeras herejías que amenazaron a la iglesia cristiana. Pero la Escritura es clara (si bien en algunas partes podría ser difícil de entender): Jesús no solo tenía un cuerpo real, sino que ese cuerpo era tan humano como el tuyo y el mío. Requería descanso, alimento y agua. Jesús no estaba pidiendo agua solo para buscar «sacar plática» en Su encuentro con la samaritana. Él realmente tenía sed.

Pero Su sed, al igual que Su hambre más adelante (Juan 4:31), fue ocasión para empezar una conversación que expuso necesidades más profundas que el agua y el alimento. Él sabía que el deseo de beber es solo un destello de un ansia más profunda en todo corazón humano. Un apetito que solo Él puede satisfacer. El ansia por Dios mismo.

Es imposible determinar con exactitud lo que sucedía en el corazón de la mujer samaritana. Ella, en su ignorancia, parece seguir la corriente a Jesús con algo de humor. «¿Dónde tienes esa agua viva? ¿Eres acaso más grande que nuestro padre Jacob?» (vv. 11-12). Es evidente que no conoce el don de Dios. No sabe realmente quién le habla. Pero Jesús va a mostrárselo. Él insiste en la superioridad del agua viva: «Todo el que beba de esta agua volverá a tener sed, pero el que beba del agua que Yo le daré, no tendrá sed jamás, sino que el agua que Yo le daré se convertirá en él en una fuente de agua que brota para vida eterna» (vv. 13-14).

No es difícil imaginar a la mujer pensando algo como: «Pero si acabas de pedirme agua para beber. Entonces, tu "agua viva" no debe estar funcionando bien». Ella lo reta:

¡«dame esa agua, para que no tenga sed ni venga hasta aquí a sacarla»! (v. 15). No tenía idea de que está a punto de ser confrontada con lo que verdaderamente necesita.

Todas deseamos algo. Pueden ser cosas muy buenas que Dios creó para nuestro deleite. Andrea desea un esposo. Mildred sueña con un trabajo mejor remunerado. Susana llora porque no ha podido concebir. Perla quiere paz entre sus padres. Nuestro Señor conoce cada uno de esos anhelos y los concederá o no según Su soberana voluntad, que siempre obra para nuestro bien (Rom. 8:28). Sin embargo, en el corazón humano hay un anhelo más profundo y es tan central que todos los demás anhelos apuntan a él. Se trata del anhelo de un Amor del cual, por ejemplo, el amor del esposo a la esposa y de una madre a sus hijos es un mero destello. El anhelo de un Proveedor compasivo y soberano que supla las necesidades incluso cuando descansamos. El anhelo de una paz que sobrepasa todo entendimiento (Fil. 4:7). El anhelo por Dios mismo, es decir, el agua viva[7] que sacia nuestras almas y hace que todo lo demás palidezca en comparación.

Jesús es llamado profeta, pero se revela como el Mesías

A Jesús no se le escapó lo que había en el corazón de la samaritana cuando ella le dijo «dame esa agua» (v. 15). A pesar de sus palabras, la mujer no estaba del todo lista para recibir el don de Dios. Jesús la confrontó: «Ve, llama a tu marido y ven acá» (v. 16). Ella replicó secamente con una verdad a medias: «No tengo marido» (v. 17). Sin embargo, Jesús expone el resto: la mujer había estado casada cinco

7. En Juan 7:39 leemos que el «agua viva» de la que Jesús habla es el Espíritu Santo de Dios que mora en el creyente.

veces y ahora vivía con un hombre que no era su esposo. Ella era una adúltera.

La mujer samaritana no permite que esa conversación continúe y cambia el tema con agilidad. ¡Nada como la controversia religiosa para desviar una charla que se está poniendo incómoda! «Señor, me parece que Tú eres profeta. Nuestros padres adoraron en este monte, y ustedes dicen que en Jerusalén está el lugar donde se debe adorar» (vv. 19-20).

Jesús es paciente. Le explica que ha llegado un tiempo nuevo en el que el lugar geográfico de adoración es irrelevante. Afirma que la salvación viene de los judíos, pero que el Padre no está buscando adoradores de un linaje biológico específico, sino adoradores en espíritu y en verdad (v. 24).

La mujer está intrigada. Las palabras que escucha son únicas; no parecen las de un mero ser humano. Recuerda bien su tradición. ¿Será posible? ¿Esta persona que tiene delante será más que un profeta? Le hace una última declaración basada en su conocimiento religioso: «Sé que el Mesías viene (el que es llamado Cristo); cuando Él venga nos declarará todo». Jesús la mira y se revela a ella como no lo había hecho con nadie más: «Yo soy, el que habla contigo» (vv. 25-26).

Ella escuchó estas palabras y no volvió a ser la misma.

A nadie le gusta que le echen en cara su pecado. Con frecuencia somos las que más lo tenemos presente y no necesitamos que nadie más nos lo restriegue en la cara. Pero ocultarlo —pretender que no existe o no daña— no hace más que destruirnos. El rey David decía: «Mientras callé mi pecado, mi cuerpo se consumió con mi gemir durante todo el día» (Sal. 32:3). Reconocer nuestra maldad con sinceridad, por el contrario, nos prepara para recibir la gracia abundante que encontramos en Cristo Jesús. Así fue para la samaritana y así es para nosotros hoy.

La mujer que dejó su cántaro para compartir el agua viva

> «Bendita eres, oh mujer,
> quien sacaba agua ordinaria,
> y se convirtió en quien sacó
> el agua viva.
> Encontraste el tesoro,
> la Fuente de quien fluye
> un torrente de misericordias.
> [...]
> Bendita eres, oh mujer,
> por no reprimir tu juicio
> sobre lo que descubriste.
> Tu amor fue celoso
> por compartir tu tesoro
> con tu ciudad.
> Dejaste atrás tu cántaro,
> pero llena de entendimiento
> le diste de beber a tu pueblo».[8]

La mujer no dejó su vasija y corrió a la ciudad para declarar los misterios de adoración que Jesús le reveló. No gritó: «¡la hora ha llegado!». Ella decía: «Vengan, vean a un hombre que me ha dicho todo lo que yo he hecho» (v. 29a). Pasó de intentar ocultar su vergüenza («no tengo marido») a exponerla a los cuatro vientos. No calló incluso cuando su fe no parecía ser la más sólida de todas ni fingió tener todas las respuestas. Ella se preguntaba con sinceridad: «¿No será este

8. Himno de Efrén de Siria: https://www.johnsanidopoulos.com/2017/05/hymns-on-samaritan-woman-st-ephraim.html

el Cristo?» (v. 29b). La mujer samaritana simplemente se desbordó con lo que había recibido de Jesús y ofreció a los querían escucharla lo poco que hasta ese momento entendía. Ese hombre tan singular la había conocido por completo al intercambiar con ella apenas unas cuantas palabras. La había confrontado con su pecado y había declarado con sencillez los misterios de Dios. Se había revelado a ella como el Mesías prometido. El mundo entero tenía que conocerlo. Sin importar lo simple de su testimonio, no podía guardarse lo que le había sucedido.

Eso es lo que Cristo sigue haciendo en nosotras. Nos transforma, pero no dándonos intelectos impresionantes o colocándonos en la cima de la jerarquía social. Lo que Él hace es cambiar nuestro corazón. Jesús hace ver la vida —a sí mismo, a nuestro prójimo, el mundo que habitamos, a nosotras mismas y nuestro pecado— de una manera completamente diferente. Cristo nos llena de Su agua viva —el Espíritu Santo— quien sacia nuestra sed y nos hace desbordarnos para vida eterna (Juan 7:39). Nos permite darnos cuenta de que nuestra búsqueda de satisfacción en las cosas creadas siempre estuvo destinada al fracaso. Ahora entendemos la realidad de nuestro pecado y el regalo de gracia obtenido a través del sacrificio de Jesucristo en el Calvario. Todo es tan grande y maravilloso que no podemos callar.

Pero entonces, ¿por qué parecemos chapotear en agua estancada en lugar de desbordarnos de agua viva? Podría ser que estemos como la samaritana antes de su encuentro con Jesús: con mucho conocimiento religioso pero cómodas en nuestro pecado. Quizá incluso vamos a la iglesia y leemos la Biblia, pero no hemos reconocido nuestra maldad y necesidad de un Salvador. Necesitamos que Dios mismo nos muestre a Jesús como Mesías y rendir nuestras vidas a Él.

Tal vez hemos sido transformadas por Cristo, pero nos da temor compartir de lo maravilloso que Él nos ha dado. Podríamos sentir que somos incapaces o hasta indignas. La buena noticia es que la mujer samaritana era también incapaz e indigna. Con todo, con su sencillo testimonio, Dios la usó para que muchos en su ciudad creyeran en Jesús como Salvador del mundo (v. 39). No pienses ni por un minuto que alguien se salvará por lo impresionante de tus palabras. Nuestro trabajo es simplemente señalar a Jesús con la sencillez de nuestro testimonio para que los que nos escuchen lo conozcan y comprueben por ellos mismos que Él es Señor.

¡La salvación es de nuestro Dios! Es un privilegio ser Sus humildes instrumentos.

Deja hoy tu cántaro repleto de insatisfacciones y comparte cómo encontrar el agua de vida con los que están a tu alrededor. Comparte de Aquel que ha saciado tu sed más profunda de Dios de una vez y para siempre.

Aixa de López

Aixa de López nació en la ciudad de Guatemala y es donde ha vivido toda su vida. Mamá de cuatro hijos: dos de los cuales llegaron por el milagro de la adopción. Es escritora, ilustradora y conferencista. Se desempeña como parte de la junta directiva de Alianza Cristiana para los Huérfanos de Latinoamérica y de Christian Alliance for Orphans.

El único «no llores» que deseo escuchar

Lucas 7:11-17

Capítulo 5

Encuentro de Jesús con la viuda de Naín

«Debemos orar más por nuestros hijos» fueron las palabras con la que una de ellas rompió el largo silencio. La sala estaba llena de hermanas que habían ido llegando para reunirse sin mucho más que rostros perplejos, para rodear a la que ahora tenía el corazón irreparablemente partido.

Él había amanecido sin vida en su propia cama el día que había separado en el calendario para que fuera el de su boda. Muchos familiares que visitaban de distintas ciudades llenaban la casa y hacían panqueques en la cocina, pero el muchacho no se levantaba. Había tenido problemas con las drogas en el pasado, pero ya llevaba un año «limpio», se había enamorado, comprometido y estaba listo para comenzar una nueva etapa en la vida.

¡Esto no podía estar pasando! El equipaje lleno de ropa de gala se quedó esperando, también el vestido de novia. Lo único que sirvió de todos modos fue la comida. Sea para celebrar o lamentar, los cristianos saben partir el pan juntos. Imagino al chef y los meseros recibiendo diferentes instrucciones: «Sí, sirvamos el pollo, la pasta y la ensalada, pero guardemos el champán».

«¿Dijiste que debemos orar más por nuestros hijos?». La madre del difunto se paró como leona y le respondió con voz fuerte —aunque entre lágrimas— y aferrándose a un pañuelo de papel muy usado:

> «¡Lárgate de mi casa!
> ¿Crees que la capa de sangre de Jesús sobre mi hijo no era suficientemente gruesa para protegerlo?
> ¿Crees que mis oraciones no fueron suficientes y por eso está muerto?
> ¡Vete ya!».

Silencio y miradas al piso. Claramente, el torbellino del duelo que la envolvía no era suficiente para nublar su pensamiento o su personalidad. Quizás se afectaron sus modales, pero nunca su juicio. Me parece que es imposible consolar y criticar al mismo tiempo. Decir un enunciado correcto sin estar en sintonía con el sentir de la habitación y, más aún, con el de la persona que acaba de sentir cómo le arrancan un pedazo de alma, es decir finalmente algo incorrecto. Tener ese grado de insensibilidad es ubicarse al borde de la crueldad.

Esa madre de un único hijo, muerto a los veintiuno, no estaba dispuesta a tolerar siquiera una leve insinuación de que lo que había pasado se debía a un descuido o falta de amor del Jesús que conocía y ella había predicado fervientemente desde su juventud. No era su primera pérdida, ni su primer encuentro con la oscuridad del mundo y, por lo mismo, podía distinguir con claridad que este dolor era de otra especie, mucho más punzante y desgarrador, un tormento que emanaba desde lo más profundo de las entrañas. También alcanzaba a distinguir entre sus lágrimas y su mirada borrosa que Jesús seguía estando presente, en medio del caos, del grito desesperado y de la devastación. Ella estaba segura de su amor aunque no comprendiera lo que Él había designado para ellos ese día. Me pregunto: ¿alcanza una vida para reconfigurar un alma así de dolida?

Esa mujer me ha enseñado más sobre llorar con los que lloran que cualquier otra persona. Ella está presente en mis archivos mentales cuando me bajo del auto vestida de negro para presentar mis condolencias en un funeral. Es la voz que me recuerda: «Lleva un vaso de agua a los deudos, yo me olvidé hasta de tomar agua esos días». Es la que me entrenó a callarme y abrazar, más que a tratar de decir algo sabio o santo en medio de situaciones que son humanamente desesperantes. Por ella y otras madres de hijos fallecidos me he prohibido decir «no llores», aún si han pasado muchos años desde la muerte y ellas gozan del regalo de la fe y saben que se volverán a abrazar. No lo digo.

El encuentro de la vida y la muerte

Un buen día me topé con una historia particular que cuenta Lucas y que justo se encuentra después del famoso relato del centurión, un hombre al que deseo conocer en el cielo, ese romano que asombró a Jesús por su corazón humilde a pesar de tener un alto cargo. Me inspira cómo mostró humanidad y empatía al compadecerse del siervo al que estimaba y que estaba enfermo. Ese hombre de milicia que mandó llamar al Señor, y que dijo: «No soy digno de que Tú entres bajo mi techo; [...] solo di la palabra y mi siervo será sanado» (Luc. 7:6-7). Realmente es un tipo que nos cae bien (también le caía bien a los de su pueblo) y es usado como ejemplo a menudo, por su sujeción, por su iniciativa, por su fe y por su carácter firme al declarar de manera pública su confianza en Jesús. Todo eso está bien, excepto cuando se usa su caso (y de otros personajes bíblicos) como mapas o recetas para «obtener» un milagro derivado de nuestras acciones para con Dios. Me encanta que Dios escoja deliberadamente la forma en que se revela en Su propio libro, hilando historias con elementos parecidos, pero sujetos a algunas variables que hasta pudieran resultar contradictorias. Para nuestra dicha, exactamente después del relato del centurión, Lucas nos cuenta que Jesús llega al encuentro de una escena desgarradora, con un personaje principal que nos impide poner los ojos en las acciones o voluntad humanas. Es como si Dios dijera: «Ahora déjenme mostrarles cómo soy con alguien completamente opuesto al centurión, porque el punto central soy yo».

Jesús iba acompañado por Sus discípulos y una gran multitud mientras se acercaban a una ciudad llamada Naín. Curiosamente, Naín significa en hebreo «deleitoso, belleza, pasto» y a punto de entrar, se topan con un cuadro que gritaba todo lo contrario: un cortejo fúnebre que iba saliendo. Sabemos que según las leyes judías se debía enterrar a los muertos fuera de la ciudad.

> «Aconteció poco después que Jesús fue a una ciudad llamada Naín; y Sus discípulos iban con Él acompañados por una gran multitud. Y cuando se acercaba a la puerta de la ciudad, sacaban fuera a un muerto, hijo único de su madre, y ella era viuda; y un grupo numeroso de la ciudad estaba con ella» (Luc. 7:11-12).

Sugel Michelén cita en un sermón[1] sobre este pasaje a Alfred Edersheim, quien dijo: «En la puerta se encontraron la muerte y la vida…». Mi mente visual creció en los

1. Mensaje de Sugel Michelén: Un Salvador poderoso y compasivo. https://youtu.be/QjbjtPK41nY

ochenta viendo videos musicales en MTV y por eso no puede evitar ser invadida por la escena de un video de Michael Jackson en el que dos pandillas se van acercando una a la otra mientras bailan hasta que llega el momento del encuentro. Se perciben intensamente comprometidos con su bando, pero, a la vez, son claramente rivales. Esta primera porción del relato nos deja ver también dos grupos fuertemente marcados por humores completamente diferentes y conversaciones y expectativas absolutamente opuestas: Por un lado, están los discípulos y la multitud que venían junto a Jesús, los cuales habían presenciado un despliegue hermoso de fe, compasión, poder y sanidad por la intervención de su Maestro. ¿Qué podrían haber estado conversando? Puedo imaginar rostros felices, algunos aturdidos por el asombro, mientras que otros seguían lagrimeando enternecidos. Era un grupo con pasos vigorosos, de confianza y hasta saltos de victoria. La misma actitud que tendrían los seguidores de un equipo ganador cuando sale del estadio. Por el otro lado, tenemos a los pueblerinos de Naín… enlutados, de paso lento, con más preguntas que respuestas, llevando una pena compartida y quizás hasta un sentimiento de lástima. Algunos imaginando cómo sería vivir la suerte de esta pobre mujer y otros secretamente aliviados de no ser ella.

Pocas palabras entre la gente y alguna llorona contratada, junto a flautas, como era la costumbre mortuoria en la cultura judía de ese tiempo. Entre todos ellos no habrá faltado la que dice, como la señora de la historia inicial: «Deberíamos orar más por nuestros hijos» o «quién sabe con qué malas juntas andaba para terminar así» y otros comentarios indolentes y fuera de lugar que suelen escucharse en los pasillos de los funerales. Sin embargo, más allá de las murmuraciones inciertas, Dios sí conocía las capas de dolor añadido que esa viuda y madre desolada llevaba encima. Jesús había oído el juicio secreto o, incluso, quizás las burlas de los enemigos que se alegraron de esta tragedia. Él no era ajeno a nada de lo que estaba pasando en ese momento.

Jesús agendó esta cita desde antes que hiciera Su aparición en el establo de Belén. Él sabe que estar rodeado de multitudes no equivale a estar abrazado por verdadera comunidad y conoce la tendencia egoísta que nos infecta universalmente a los seres humanos, por la que fácilmente hacemos la vista gorda para abandonar a los vulnerables que tenemos cerca, usando un montón de excusas que nos llevan de regreso a nuestra comodidad. No por casualidad en la carta de Santiago existe un llamado explícito a practicar la verdadera religión, una que no olvida a los huérfanos o a las viudas, sino que se involucra en el alivio de sus cargas (Sant. 1:27).

También el pueblo del Dios que escribió Su ley perfecta en piedra tiende a esquivar este tipo de amor comprometido. Una mujer que quedaba viuda en Israel estaba en una posición tremendamente difícil, pero, como en este caso, viuda y sin descendencia, la colocaba en una posición de vulnerabilidad extrema. Ella había perdido toda fuente de sustento al no tener a su esposo y ahora perder a su hijo único. De ahora en adelante, toda probabilidad de sobrevivir dependería realmente de la caridad de sus vecinos. Este funeral no estaba marchando hacia afuera de la ciudad solamente a enterrar un muchacho, sino a enterrar la última esperanza de una mujer que volvería totalmente destituida, sola y sin posibilidad de perpetuar un legado o un nombre. Ella era la personificación de lo que la Biblia llama «débil».

¡No llores!

Pero Jesús no la vio simplemente en sus circunstancias, sino desde la profundidad de su corazón y contando los pasos, así como tenía contados los cabellos de la cabeza de esa mujer y su muchacho, se fue acercando con su grupo feliz y esperanzado a cambiar su historia para siempre.

> «Al verla, el Señor tuvo compasión de ella, y le dijo: No llores» (v. 13).

Él la vio… ¡la vio! Absolutamente todo cambia cuando Jesús te ve. Lo sabe ella, lo supo Agar[2] y lo sé yo. Él nos vio y ser vistas por Jesús significa que nuestra miseria deja de ser, que salió el sol y que vamos a estar con Él. Ser vistas por Jesús es recibir un alivio sin paralelos, porque no hay explicación que dar y no hay lágrimas que tragar. Jesús ve como nadie más; únicamente Jesucristo tiene la capacidad de vernos por completo y seguir amándonos, porque la brújula no es nuestro desempeño, motivación o línea familiar. Él nos mira a través de su propia bondad. Contrario al centurión, ella no dijo nada… al menos no con sus palabras. Ella no mandó a llamarlo, no lo impresionó con su fe, no lo fue a buscar. Nada. Su rostro demacrado, sus ojos hinchados de tanto llorar y su postura disminuida era lo único que llevaba consigo. Su dolor profundo y la envolvente realidad de que su único hijo estaba muerto. La tierra parecía abrirse bajo sus pies sin remedio, pero llegó Él. Jesús la encuentra, la ve y se compadece de ella, solo porque así lo quería y le dijo lo que yo jamás diré en estas circunstancias: «No llores».

Debo decir que leerlo con prisa me provocó una reacción de la cual no me enorgullezco. Confieso que a veces los métodos, acciones y palabras del Señor no me suenan tan

2. Ver Gén. 16 y 21.

tiernos a primera vista, pero he aprendido que soy yo la que necesita recalibrarse y pasar más tiempo considerando el texto, el contexto y mis pretextos. Al final, siempre reconozco que era yo la equivocada. Jesús jamás.

Cuando nosotros los simples mortales nos decimos «no llores», lo decimos desde un egoísmo sutil que actúa como detector y eliminador de incomodidad. Lo decimos para minimizar un dolor que no alcanzamos a comprender y que deseamos callar. Decimos «no llores» sobre la base de nuestra incapacidad de amar tan profundamente como lo requiere ese momento. No deseamos realmente «visitar a los huérfanos y las viudas en sus aflicciones». No queremos zambullirnos en ese mar de dolor, sino que deseamos pasarlos a un autoservicio de nuestra compasión fingida que entrega comida chatarra que falla en alimentar la verdadera esperanza. «Visitar» al estilo de Jesús implica venir a convivir, llegar a verlo todo… realmente ver a los ojos, procurar comprender y seguir compenetrándose para llegar a caminar por los enredos dolorosos de este mundo caído, pero sin el afán de recibir nada a cambio, sino simplemente porque Dios nos ha dado todo en Su único Hijo.

Jesús le dijo «no llores» porque solamente Él tenía todo el poder para levantar a cualquiera y a todos los muertos de la historia. Él podía decir estas palabras porque no era cruel ni minimizaba lo que ella con justa razón estaba sintiendo. Jesús se lo dijo para anunciarle que esta pesadilla llegaba a su fin en ese mismo instante. En esencia, le dijo a ella, al pueblo entero y a nosotros hoy:

> Ya llegué, soy el Señor sobre la vida y también sobre la muerte, tu historia no terminará como imaginas, Yo soy la resurrección y la vida.

La «religión pura» puesta en marcha

> «Y acercándose, tocó el féretro; y los que lo llevaban se detuvieron» (v. 14a).

Esto es la demostración perfecta de la «religión pura». Pongamos atención a las ocasiones en las que Jesús habla y las situaciones se voltean a la distancia (como con el siervo del centurión), y las veces en que el Señor decide acercarse, tocar y abrazar. El Antiguo Testamento define con claridad las leyes en cuanto a lo que se debía hacer y no hacer alrededor de una persona fallecida (Lev. 19). Tocar a un muerto significaba quedar impuro a menos que se siguiera una serie de pasos para purificarse. Sin embargo, aquí lo que vemos es al Autor de la vida acercándose y haciendo retroceder a la mismísima muerte. Jesús toca el féretro y Su pureza invade al cuerpo inerte que había iniciado ya su proceso de descomposición. Nuestro Héroe habla solo después de detener la procesión fúnebre.

Dios muestra Su máxima compasión en la persona de Jesús y siempre en el marco de una relación. Se acerca, ve, toca y habla. Es en este microsegundo que los dos mundos se tocan; el grupo de los que venían cantando victoria y el grupo de los que venían cubiertos con una nube gris. La luz interrumpe esas tinieblas cuando Dios pone la punta de Su primer dedo sobre ese féretro.

La poderosa compasión de Jesús

> «Y Jesús dijo: "Joven, a ti te digo: ¡Levántate!" El que había muerto se incorporó y comenzó a hablar, y Jesús se lo entregó a su madre» (vv. 14b-15).

Cuando el Rey soberano dispone algo, es inevitable que eso suceda: Entonces el muchacho tomó aire y saludó a su mamá «¡Hola mama! Tengo hambre». Jesús seguramente sonrió con ojos llorosos y le extendió la mano. ¡Qué acontecimiento más hermoso! Jesús despliega todo Su poder y compasión en ese instante y Su Espíritu orquesta que hubiera testigos, quienes dejaron registrado en sus memorias lo que hizo para ella: «*Lo entregó a su madre*»; lo trajo de regreso para ella. Ella le importaba. La visitó, la vio a los ojos, la rescató, todo por el puro afecto de Su voluntad. Así es Dios, constantemente haciéndolo todo por quienes no pueden hacer nada.

> «El temor se apoderó de todos, y glorificaban a Dios, diciendo: "Un gran profeta ha surgido entre nosotros". También decían: "Dios ha visitado a Su pueblo". Este dicho que se decía de Él, se divulgó por toda Judea y por toda la región circunvecina» (vv. 16-17).

La única respuesta adecuada ante tal grandeza y poder, aún de personas que ignoraban quién era realmente Jesús, era la del temor y la alabanza a Dios. Aquellos pueblerinos, tristes hacía apenas unos instantes y los que ya venían felices, fueron testigos de este amor imparable que vivía en misión compasiva. Tuvieron que reconocer que ningún otro reúne la compasión y la capacidad de solucionar de raíz lo que lo conmueve.

Los de Naín regresaron portando un féretro vacío, al lugar que recibió el primer milagro de resurrección. ¡Qué deleitoso y bello! ¡Qué tiernos y verdes pastos! Él nos vio desde Su trono y se compadeció de nuestra situación desesperada, al vernos escoger a ciegas lo que nos llevaría a la perdición. Entonces se acercó en Jesucristo, quien interrumpió el funeral y nos anunció con Su «no llores» el final de nuestra oscuridad.

Wendy Bello

Wendy Bello es maestra de la Biblia y conferencista. Ella es la autora de *Un corazón nuevo, Una mujer sabia* y *Decisiones que transforman.* Nacida en Cuba, ahora vive en Miami, Florida. Wendy está casada con Abel y tienen dos hijos adolescentes. Actualmente está cursando una maestría en Estudios Teológicos en el Seminario Teológico Bautista del Sur (SBTS). Puedes encontrarla en Instagram y en Facebook.

Un encuentro de gracia

Mateo 15:21-28

Capítulo 6

Encuentro de Jesús con la mujer cananea

Mi hija tenía poco más de dos años cuando su pediatra decidió que era necesario hacerle una serie de pruebas. Estaba teniendo problemas respiratorios frecuentes y quería descartar la presencia de fibrosis quística. Yo no había escuchado antes sobre esa enfermedad. Ni bien llegué a casa hice lo que solemos hacer en nuestra generación: buscar en Google.

Uno segundos de búsqueda fueron suficientes para poner mi cerebro en modo de angustia. Todo lo que estaba leyendo bastaba para provocar más que inquietud en cualquier madre. Esa enfermedad limita mucho la vida y, por regla general, quienes la padecen no viven muchos años. Un nudo comenzó a formarse en mi garganta y las lágrimas me quemaban los ojos. Ni siquiera podía hablar. Subí a mi habitación y cerré la puerta. Me arrodillé y dejé que las lágrimas rodaran sin freno. Estaba tan asustada y sentía la impotencia de no poder hacer nada por mi hija. En medio de mi angustia comencé a clamar al Señor por misericordia, por un diagnóstico negativo y por Su paz mientras atravesábamos esta tormenta inesperada.

Vino a mi mente un pensamiento que no se iba; eran las palabras de un viejo himno que aprendí de niña y que me ha acompañado en muchos momentos de mi vida:

> *¿Cómo podré estar triste?*
> *¿Cómo entre sombras ir?*
> *¿Cómo sentirme solo,*
> *y en el dolor vivir?*
> *Si Cristo es mi consuelo,*
> *mi amigo siempre fiel;*
> *Si aún las aves tienen*
> *seguro asilo en Él.*
> *Feliz cantando alegre*
> *yo vivo siempre aquí.*
> *Si Él cuida de las aves,*
> *cuidará también de mí.*

Entre lágrimas y casi sin fuerzas, comencé a cantar la suave melodía que acompaña esas palabras. Nada había cambiado cuando salí de la habitación, excepto que mi corazón había sido consolado por el Señor a través de la verdad que transmite ese himno: ¡Nuestro Dios cuida de nosotros!

Si eres mamá, es muy probable que puedas identificarte de alguna manera con esta historia. Si no lo eres, pero has vivido algunos años de este lado del sol, me imagino que, en algún momento, has atravesado una situación similar de impotencia o la has vivido junto a alguien más. Algo así le estaba sucediendo a una mujer cuya historia nos cuentan Mateo y Marcos en sus Evangelios. Desconocemos su nombre pues solo se nos presenta como «la mujer cananea» o «la mujer sirofenicia». Es la historia del encuentro de Jesús con una madre muy angustiada que acude a Él en busca de ayuda.

El preámbulo de la historia

El ministerio de Jesús se había centrado en «las ovejas perdidas de Israel», tal como Él mismo las describe en el pasaje (v. 24). Aunque tuvo un viaje corto a la zona de Decápolis —donde liberó al hombre endemoniado de Gadara— se había mantenido dentro del territorio judío. Sin embargo, ahora Mateo y Marcos nos cuentan que Jesús fue a la región de Tiro o de Tiro y Sidón, como mencionan algunos manuscritos.

Tiro y Sidón eran ciudades fenicias muy antiguas. Estaban ubicadas a unos 32 km (20 millas) al noroeste de Capernaum. Algunas fuentes revelan que existieron desde mucho antes de que los israelitas entraran a Canaán. Israel mantuvo buenas relaciones con dichas ciudades en ciertos momentos de su historia, especialmente durante los reinados de David y Salomón. Sin embargo, el rey Acab se casó con la terrible Jezabel, hija del rey de los sidonios, quien llevó a los israelitas a la adoración oficial a Baal. Los profetas del Antiguo Testamento en varias oportunidades comunicaron la condena de Dios para Tiro y Sidón. En tiempos de Jesús, allí vivían personas que eran de ascendencia cananea o griega.

Pero como ningún texto bíblico debe leerse aislado de su contexto, es importante que consideremos lo que viene sucediendo en el pasaje que nos ocupa. Tanto Mateo como Marcos señalan que Jesús había tenido un encuentro en Genesaret con un grupo de escribas y fariseos procedentes de Jerusalén (Mat. 14:34; 15:1). La conversación giró en torno al tema de la contaminación, lo que se consideraba impuro o no. Este grupo de religiosos increpaba a Jesús porque Sus discípulos no cumplían con ciertas reglas rituales, como lavarse las manos antes de comer. El asunto no era sanitario, sino de leyes ceremoniales humanas: «¿Por qué Tus discípulos quebrantan la tradición de los ancianos? Pues no se lavan las manos cuando comen pan» (Mat. 15:2). Jesús aprovechó la oportunidad para desenmascarar la hipocresía de aquellos líderes que ponían sus propias leyes por encima de la obediencia a Dios. Para los escribas y fariseos lo primordial eran los actos externos visibles. El lavado ritual para no contaminar sus manos era más importante que la limpieza de la contaminación del corazón. Ese es el contexto para lo que ocurre cuando Jesús llega a la región gentil de Tiro y Sidón. Los judíos no entrarían a esa localidad, no se contaminarían al estar en contacto con aquella gente. Pero Jesús, en busca de refugio y descanso, salió de la región de Galilea y cruzó a esa tierra vecina.

Un problema de nacionalidades

Ya los habitantes del lugar habían escuchado algo sobre Él, pues Marcos dice que «no pudo pasar inadvertido» (7:24). La fama de Jesús se había extendido más allá de las fronteras de Galilea y una mujer, una madre angustiada, también estaba entre los que habían escuchado del maestro judío que sanaba enfermos y echaba fuera demonios. Su hija sufría a causa de un espíritu inmundo que la tenía, literalmente, «atormentada» (Mat. 15:22, RVR60). ¿Te imaginas la angustia de esta madre? Puedo suponer que había clamado a todas las deidades sirofenicias y griegas que conocía. Pero la única respuesta que recibió fue el silencio mientras su hija padecía una y otra vez. Su dolor era tan grande que no perdió un instante para ir al encuentro de Jesús. Salió corriendo a buscar lo que parecía proveerle esperanza de liberación para su dolorosa situación. Mateo nos permite percibir la desesperación:

> «Entonces una mujer cananea que había salido de aquella región, comenzó a gritar: "Señor, Hijo de David, ten misericordia de mí; mi hija está terriblemente endemoniada"» (15:22).

No leas ese pasaje rápido, tómate el tiempo para asimilarlo bien. Imagina que estás en la misma situación. Ni siquiera esperas estar cerca de Jesús. ¡Gritas, corres, imploras, suplicas! Haces lo que tengas que hacer para llamar Su atención. A fin de cuentas, todo lo demás que hasta ahora has intentado solo ha resultado en silencio y nada ha cambiado. Sé que yo haría lo mismo. Pero antes de seguir, necesitamos detenernos y pensar un poco en lo que la mujer de esta historia estaba gritando y que, en cierto modo, resulta contraproducente. Ella se dirigió a Jesús como Señor, como el Hijo de David. ¡Pero ella no era judía! ¿Cómo es posible que use este lenguaje? Una mujer gentil estaba usando el título mesiánico, Hijo de David. Ya sea que tuviera algún conocimiento del judaísmo o que hubiera escuchado a alguien referirse a Jesús de esa manera, era evidente que sus palabras llamarían la atención.

Sin embargo, cuál sería su sorpresa cuando la respuesta fue… ¡silencio! Jesús no contestó nada. Es muy posible que esta madre angustiada sintiera que el mundo se detenía en ese instante. Pero no se daría por vencida, aunque sabía que era normal que los judíos ignoraran a los gentiles y ni les dirigieran la palabra. ¡Gritó todavía más fuerte! Tanto gritaba que los discípulos deciden intervenir y le piden a Jesús que por favor la atienda (Mat. 15:23). No creo que la reacción de los discípulos fuera tanto por compasión como para que la mujer dejara de molestarlos con sus gritos y súplicas. Me resulta inevitable pensar que, si tú y yo hubiéramos estado en esa situación, es muy probable que hubiéramos hecho lo mismo que ellos. ¡Así somos por naturaleza! Enfocadas en lo nuestro, prontas a juzgar y dispuestas a ignorar el dolor ajeno. Somos tan duras para mostrar compasión. Su pedido fue algo así como «dale lo que quiere para que nos deje tranquilos».

Por fin escuchamos a Jesús y Sus palabras fueron contundentes: «No he sido enviado sino a las ovejas perdidas de la casa de Israel» (Mat. 15:24). La mujer que clamaba por atención no era israelita, no era parte del pueblo que originalmente había recibido la promesa de un Mesías que vendría a salvar, sanar y liberar. Había un problema de nacionalidades. Ella y su hija eran ovejas perdidas, pero no pertenecían a la casa de Israel. No tenían derechos de sangre, no estaban incluidas.

Ahora bien, nos quedaríamos perplejas si la historia terminara con esta negativa. Hasta nos podrían parecer un tanto duras las palabras de Jesús. ¡Pero el relato no termina aquí! La mujer se acerca a Jesús y se postra a Sus pies. No le importó quién estaba mirando o lo que pudieran pensar. Lo único que importaba era la esperanza que se alzaba ante sus ojos. Humillada ante Él, esta mujer vuelve una vez más a su súplica. En sus palabras puedo percibir la angustia, la desesperación de alguien que se siente totalmente impotente porque ya ha agotado todas las opciones:

«¡Señor, ayúdame!»
(Mat. 15:25)

El contexto de este encuentro es importante para poder entender la continuación de esta conversación entre Jesús y la mujer. Jesús había estado en un debate con los escribas y fariseos por lo que se consideraba impuro o inmundo. Las palabras con las que se dirige a esta mujer evocan esa conversación. Eran palabras difíciles de escuchar: «No está bien tomar el pan de los hijos, y echárselo a los perrillos» (Mat. 15:26). Un perro era considerado por los judíos como un animal inmundo. Esa comparación debió ser muy clara para ella. El alimento de los hijos no puede darse a los perros. Los hijos eran los judíos y todos los demás eran considerados como inmundos, impuros, indignos del pacto hecho por Dios con Su pueblo escogido. Pero debemos prestarle atención a un detalle mencionado por Marcos y que apunta al futuro: El nuevo pacto que estaba por cumplirse:

> «Y Jesús le decía: "Deja que *primero* los hijos se sacien, pues no está bien tomar el pan de los hijos y echarlo a los perrillos"» (Mar. 7:27, énfasis de la autora).

¿Notaste esa pequeña palabra, *primero*? Jesús está implicando algo extraordinario, algo que debe haber dejado un tanto confundidos a los discípulos. Lo que fue prometido a Abraham ahora comenzaba a vislumbrarse: la salvación viene de los judíos, pero esa bendición alcanzaría a todas las naciones.

Esta madre desesperada responde de una manera magistral, incluso un tanto atrevida: «Sí, Señor; pero también los perrillos comen de las migajas que caen de la mesa de sus amos» (Mat. 15:27). Ella usa la misma metáfora de Jesús y argumenta que, aunque los perros no tienen derecho a las bendiciones de los hijos en una casa, igual se benefician de las sobras que caen de la mesa. Esta mujer era gentil y no podía reclamar nada, pero sí podía suplicar, aunque fuera una migaja de lo que los israelitas disfrutaban. Como señala R. T. France en su comentario del libro de Mateo:

> «... su respuesta, ya sea que ella lo supiera o no, resume la importante teología bíblica de la elección de Israel no

> solo para su propio beneficio sino para ser un medio de bendición a todas las naciones, una luz para los gentiles (Gén. 12:3; Isa. 49:6)».[1]

La respuesta de Jesús al dolor de una extranjera

Llegamos entonces al clímax de la historia, la respuesta final de Jesús a la súplica de una mujer gentil que acudió al Hijo de David en busca de ayuda. Los relatos de Mateo y Marcos nos permiten completar el cuadro de esta historia:

> «"Oh mujer, grande es tu fe; que te suceda como deseas". Y su hija quedó sana desde aquel momento» (Mat. 15:28).
>
> «Cuando ella volvió a su casa, halló que la niña estaba acostada en la cama, y que el demonio había salido» (Mar. 7:30).

No tenemos más información. No sabemos si ella volvió y le dio las gracias, si salió corriendo a casa, si se fue gritando de alegría o si las lágrimas bañaban su rostro. No sabemos qué dijo la familia o qué pensaron los vecinos. Ni siquiera sabemos qué comentaron los discípulos. Lo que sí sabemos es que la misma compasión, la gracia que había alcanzado a los cojos, los ciegos, la mujer del flujo de sangre, los sordos y mudos de Israel, ahora había llegado hasta ella, una mujer, una madre sirofenicia, una extranjera. La gracia y la misericordia de Dios no tienen límites.

Por gracia mediante la fe

Varios años después del relato de los Evangelistas, el apóstol Pablo escribió una carta a otros gentiles a quienes

---

1. R. T. France, *The Gospel of Matthew* (Grand Rapids, MI: Wm. B. Eerdmans Publishing Co., 2007), pág. 578. Traducción de la autora.

conocemos como los efesios. En esa carta encontramos este pasaje tan conocido:

> «Porque por gracia ustedes han sido salvados por medio de la fe, y esto no procede de ustedes, sino que es don de Dios; no por obras, para que nadie se gloríe» (Ef. 2:8-9).

No podemos afirmar que la mujer sirofenicia fue salva aquel día, pero sí está claro que Jesús contestó su petición y su hija fue liberada en ese mismo momento del demonio que la había oprimido por años. Ella no lo merecía ¡todo fue por gracia! Esta mujer, al igual que nosotras, no era merecedora de la atención de Jesús. Desconocemos su carácter o su vida, pero las Escrituras son claras, no hay obras ni nada que podamos hacer para ganar el favor de Dios. Por lo tanto, la sirofenicia necesitaba a Cristo tanto como nosotras.

Lo único que ella mostró al encontrarse con Él fue fe; el convencimiento de que este hombre era lo suficientemente grande y poderoso como para que con una palabra librara a su hija del tormento en el que estaba viviendo. La gracia que Jesús le mostró fue en respuesta a su fe. De hecho, Jesús halagó su fe. Solo en dos ocasiones se menciona a Jesús elogiando la fe de una persona, en ambas ocasiones fue un gentil: esta mujer que pide por la liberación de su hija y el centurión romano que tenía a su criado enfermo (Mat. 15:28; 8:10). Estos dos testimonios traen a mi mente las palabras del autor de Hebreos: «Y sin fe es imposible agradar a Dios. Porque es necesario que el que se acerca a Dios crea que Él existe, y que recompensa a los que lo buscan» (11:6). Ella creyó y su fe fue del agrado del Dios hecho hombre que caminó por esta tierra y la encontró en un momento de dolor.

No hay otra manera de acercarnos a Él. Recibimos gracia salvadora mediante la fe. Así ha sido desde el principio. Noé creyó al anuncio de Dios y fue heredero de la justicia que viene por la fe (Heb. 11:7). Abraham creyó a Dios y por la fe dejó todo lo conocido y salió a la tierra adonde Dios lo llevaba. Creyó a Dios cuando estuvo dispuesto incluso a sacrificar a su hijo, porque confiaba en el Dios que levanta a los muertos. Creyó y su fe fue contada por justicia. Como ellos, muchos otros a lo largo de la historia, incluidos los que ahora estamos en Cristo, afirmamos: «Esta justicia de Dios por medio de la fe en Jesucristo es para todos los que creen» (Rom. 3:22).

Si en algún momento nos vemos tentadas a presentar a Dios nuestros supuestos méritos o si vivimos tratando de ganarnos Su favor o impresionarlo con nuestras buenas obras, traigamos a nuestra memoria aquellas frases características de la Reforma que emanan de las páginas de la Escritura: *Sola Gratia, Sola Fide*. Es solo por gracia y solo mediante la fe en Cristo que podemos relacionarnos con Dios y ser reconciliados con Él. La mujer sirofenicia no tenía el conocimiento teológico, pero su historia pone estas verdades en evidencia.

Tú también puedes correr a Él

No sé por qué las personas tienen la idea errónea de que el cristianismo denigra a la mujer. Tal vez sea porque, lamentablemente, eso sucede en algunos círculos llamados cristianos. Sin embargo, las Escrituras y el Cristo de las Escrituras nos permiten descubrir todo lo contrario. La historia de esta mujer lo ilustra con claridad meridiana.

Jesús no echó a esta mujer cuando vino angustiada a Él. De hecho, la escuchó y conversó con ella, algo condenable por la cultura de su tiempo al ser ella mujer y gentil. Los judíos no tenían trato con gentiles y los hombres, particularmente los rabinos como Jesús, no tenían ningún tipo de trato público con mujeres. Hacerlo era escandaloso, pero no para Él. Para Jesús cada persona tiene un valor intrínseco al ser hecho a imagen de Dios. Jesús sabe que tanto hombres como mujeres necesitan ser traídos de las tinieblas a la luz y por eso no hizo distinciones entre géneros y les mostró a ambos amor, compasión, gracia y misericordia. No hizo tales distinciones en el pasado y tampoco las hace hoy.

Cuando la vida duele, como dolía la de esta mujer, podemos correr a Jesús con absoluta confianza. Cuando la esperanza parece escabullirse entre los dedos como agua, miremos a Cristo, corramos a Él.

No es necesario fingir ni tratar de ganarlo todo con nuestras obras, no necesitamos vestirnos de «mujer maravilla» ni estar «empoderadas» para enfrentar las dificultades de este mundo caído. ¡Tenemos un Salvador que ve nuestro sufrimiento, que nos escucha, que nos recibe con brazos abiertos! Nuestro Cristo tiene la respuesta, tal y como lo vimos en esta historia de gracia y poder. ¡Él es suficiente! Incluso si la respuesta a nuestra petición no es la que esperamos, podemos tener la certeza de que será siempre la mejor, porque lo mejor para nosotras es Su presencia fiel todos los días. Como dice el himno que cité al principio: «Si Él cuida de las aves, cuidará también de mí». Por cierto, para la gloria de Dios, el diagnóstico de mi hija fue negativo. El Señor misericordioso nos libró de pasar por esa aflicción y nos extendió Su gracia.

Una mejor nacionalidad

Emigrar a los Estados Unidos me dio una nueva nacionalidad. Aunque nací en Cuba, ahora soy ciudadana de este país. Lo corroboran mi pasaporte y certificado de ciudadanía. Hay millones de personas que, al igual que yo, llegaron a estas tierras por una infinidad de razones. Llegar a ser ciudadano cuando eres un inmigrante que no ha nacido en el país es un proceso que tiene diferentes etapas, requisitos y finalmente la aprobación de las autoridades pertinentes. Si la solicitud es aceptada, participas de una ceremonia en la que oficialmente se te otorga la nueva ciudadanía. Fue un momento emocionante que nunca olvidaré.

Sin embargo, eso no se compara con otra ciudadanía cuyos beneficios completos disfrutaremos un día, independientemente del país en que hayamos nacido. Es la «ciudadanía celestial», como la llama Pablo (Fil. 3:20). Es la ciudadanía que Cristo hizo posible por nosotras para formar parte de Su reino eterno. En cierto sentido, nosotras somos como la mujer sirofenicia que no tenía derechos por no formar parte del pueblo de Dios. Pero Dios prometió a Abraham que todas las naciones de la tierra serían bendecidas con su descendencia. Cristo es el más grande descendiente de Abraham. Él es el cumplimiento de la promesa, quien hizo posible que gente de toda tribu, lengua y nación alcance la salvación:

> «Porque por medio de Cristo los unos y los otros tenemos nuestra entrada al Padre en un mismo Espíritu. Así pues, ustedes ya no son extraños ni extranjeros, sino que son conciudadanos de los santos y son de la familia de Dios» (Ef. 2:18-19).

El encuentro entre Jesús y la mujer cananea o sirofenicia, que no fue circunstancial sino orquestado en la eternidad, fue solo un atisbo, un asomo de lo que pronto sería una realidad mucho más amplia. ¿Recuerdas las palabras que Jesús dijo a Sus discípulos al despedirse de ellos antes de ascender al cielo? Ellos serían Sus testigos no solo en Jerusalén y Judea, territorios judíos, sino en Samaria —un territorio que ellos despreciaban— y hasta los confines de la tierra: la tierra de los extranjeros impuros. La buena noticia alcanzaría a gente de todo lugar sin distinción.

Quienes estamos en Cristo, quienes hemos conocido el poder de la cruz por la buena noticia del evangelio, ahora andamos en vida nueva y gozamos de esa nueva ciudadanía celestial. Por lo tanto, ya no importa lo que diga tu certificado de nacimiento, ni de qué país sea tu pasaporte. Si estás en Cristo, ya has recibido una nueva identidad que incluye una nueva ciudadanía, eres ciudadana eterna del reino de los cielos. No la ganaste, no la compraste, no tuviste que pasar un examen para obtenerla. No la merecías y la obtuviste por gracia. ¡Un día podremos celebrar esa ciudadanía juntas en el mejor de los banquetes! Eso es lo que se nos ha prometido. Cristo ganó para nosotras la mejor de las ciudadanías y no me cansaré de repetir que todo fue por gracia.

¡Bendito sea Su nombre!

Rosita Villanueva

Rosita Rizzo Villanueva nació en Panamá de padre italiano y madre china. Fue criada en Estados Unidos desde su adolescencia. Ejerce contabilidad de profesión mientras sirve junto a su esposo Sergio Villanueva, quien es pastor de Iglesia del Pueblo en Chicago. Rosita ha sido una de las maestras de la Red de Entrenamiento para Mujeres de Coalición por el Evangelio y es coautora de devocionales en la *Biblia Centrada en Cristo*.

El pecado es grande, pero Su gracia es mayor

Juan 8:1-11

Capítulo 7

Encuentro de Jesús con la mujer adúltera

> Una mujer buscando el romance prohibido.
> Una mujer buscando la satisfacción de sus deseos más profundos.
> Una mujer buscando su plenitud a través de la realización de sus fantasías ocultas.
> Una mujer buscando serlo todo para alguien y así tenerlo todo.
> Una mujer momentáneamente satisfecha, pero continuamente inmersa en una búsqueda que nadie puede satisfacer.

El Evangelio de Juan nos narra la historia de una mujer como la que acabo de describir, una que se sentía vacía, incompleta e insatisfecha, una que buscaba su propósito y significado en una habitación con olor a pecado. Una mujer que solo fue identificada por sus acciones y no por su nombre.

> «Pero Jesús se fue al monte de los Olivos. Al amanecer, vino otra vez al templo, y todo el pueblo venía a Él; y sentándose,

> les enseñaba. Los escribas y los fariseos trajeron a una mujer sorprendida en adulterio, y poniéndola en medio, dijeron a Jesús: "Maestro, esta mujer ha sido sorprendida en el acto mismo del adulterio"» (Juan 8:1-4).

La cultura judía prevalecía en aquellos tiempos bajo el contexto del judaísmo religioso del primer siglo y sometida al dominio político del Imperio romano. A pesar de las circunstancias, el pueblo judío mantuvo con fuerza su identidad religiosa y cultural y pudo mantener sus costumbres y tradiciones únicas, como la observancia del sábado y la celebración de las festividades judías.

La sociedad judía de aquel entonces ponía un gran énfasis en las leyes y tradiciones religiosas. Estaba dividida en diversos grupos, como los fariseos y saduceos, cada uno con sus propias interpretaciones de la ley y prácticas religiosas. Estos grupos competían entre sí y tenían conflictos no solo en temas religiosos sino también políticos. En general, la cultura en el momento en que Jesús vivió entre nosotros era compleja y diversa, con distintas creencias, prácticas y estructuras sociales que influían profundamente en la forma en que las personas vivían e interactuaban.

Este encuentro particular de Jesús tuvo lugar en Jerusalén en lo atrios del templo durante la festividad de los tabernáculos, una de las tres festividades principales del calendario judío. Mientras Jesús enseñaba a la multitud, los escribas y fariseos interrumpieron su enseñanza y le trajeron a una mujer que, según ellos, había sido sorprendida en adulterio. Sin embargo, Juan nos dice que el motivo de los acusadores no era del todo claro: «Decían esto, poniendo a prueba a Jesús, para tener de qué acusarlo» (v. 6). El apóstol que presenció el evento revela la motivación detrás de esas acciones y el complot que los enemigos de Jesús habían planificado. Está claro que su objetivo no era probar la fidelidad de Jesús a las leyes judías, sino utilizar Su respuesta como un arma para acusarlo de alguna violación o interpretación falsa de la ley. Si prestas atención te podrás dar cuenta de que ellos no mostraron ningún respeto a Jesús al interrumpirlo mientras enseñaba.

Esta intromisión fue solo uno de muchos intentos de los líderes religiosos que le tendían una trampa a Jesús para acusarlo ante las autoridades (Mat. 16:1, Mar. 8:11, Luc. 11:54). Sin embargo, todavía no era Su tiempo y la verdad es que nunca pudieron levantar una acusación porque Jesús vivió una vida intachable.

Juan no nos da detalles sobre cómo fue descubierta esta mujer en pleno acto de adulterio. Desconocemos si era una mujer con una mala reputación conocida que los acusadores simplemente utilizaron para poner en aprietos a Jesús frente a los judíos y las autoridades romanas. Sin embargo, vemos que los planes de los acusadores se vuelven en favor de la liberación y la salvación de una pecadora a medida que se desarrolla la historia.

El apóstol tampoco nos entrega ningún detalle personal de la mujer. El pasaje no nos ofrece mucha información sobre su vida y ni siquiera conocemos su nombre. Sabemos que estaba casada o comprometida para casarse, ambas condiciones justificadas para ser apedreada si se le acusaba de adulterio (Deut. 22:23-24). Tampoco tenemos información sobre su esposo o prometido o si tenía hijos. No sabemos nada sobre el hombre con quien estaba siendo infiel, lo que plantea la pregunta de por qué no lo trajeron también para ser apedreado según las leyes judías. Es evidente que Juan solo nos brinda la información necesaria y no una historia desarrollada de forma exhaustiva. Sin embargo, bastan los pocos detalles con los que contamos para que podamos imaginar la vergüenza tan devastadora que esa mujer estaba experimentando.

La Biblia y el adulterio

El Diccionario de la Real Academia Española define el adulterio como una relación sexual voluntaria entre una persona casada y otra que no es su cónyuge. En otras palabras, el adulterio es el término que describe una relación no solo sexual, yo añadiría también una relación emocional voluntaria y que implica una infidelidad conyugal que viola los votos matrimoniales. Por lo general está ligado al engaño, la mentira y la traición en una relación matrimonial, ya que involucra la ruptura de un pacto que genera consecuencias para toda la familia, porque no solo sufre el cónyuge a quien se le ha sido infiel, sino que también se les causa daño a los hijos si existiesen. El adulterio es una traición a la confianza del cónyuge.

La Biblia considera el adulterio como un pecado y lo prohíbe explícitamente en varios pasajes. Uno de los Diez Mandamientos en el Antiguo Testamento establece: «No cometerás adulterio» (Ex. 20:14). El libro de Proverbios hace hincapié en los peligros y las consecuencias devastadoras del adulterio (Prov. 6:32-35). Jesús declaró en el Sermón del Monte: «Pero yo les digo que cualquiera que mira a una mujer y la codicia ya ha cometido adulterio con ella en el corazón» (Mat. 5:28). Es importante resaltar que Jesús no solo involucra la acción física, sino también los pensamientos y deseos impuros. Jesús reafirma la santidad y la importancia del matrimonio en varias ocasiones. Por ejemplo, Jesús dijo en una ocasión: «Cualquiera que se divorcie de su mujer y se case con otra, comete adulterio contra ella; y si ella se divorcia de su marido y se casa con otro, comete adulterio» (Mar. 10:11-12).

El adulterio deshonra el carácter de Dios en varios aspectos como la fidelidad, la pureza, la santidad, la confianza y el respeto. Dios es fiel y por eso está completamente comprometido con Sus hijos. Cometer adulterio es una ofensa directa a Dios que rompe los votos matrimoniales y va en contra de Su plan para el matrimonio, que implica amarse y permanecer juntos en fidelidad a pesar de las dificultades.

¿Por qué una mujer adultera rompe los límites de un pacto matrimonial?

Si quisiéramos encapsularlo en una sola respuesta, tendríamos que decir que este pecado y toda ofensa en contra de Dios se deben a la condición pecaminosa del corazón humano. Me atrevo a decir que esta mujer nos representa a cada una de nosotras porque, aunque tú y yo no hayamos caído en adulterio matrimonial, el adulterio no se limita solo a la infidelidad conyugal, sino que abarca otras áreas de nuestras vidas. Nuestros pecados no suelen ser tan evidentes como los de la mujer adúltera, ya que el de ella se manifestó entre «las sábanas de una habitación», mientras que los nuestros suelen manifestarse en nuestros pensamientos y deseos ocultos. El adulterio, en un sentido más amplio, ocurre cuando ponemos nuestros propios deseos y placeres en primer lugar, buscando lo que el mundo nos ofrece en lugar de buscar Su voluntad. Esto puede manifestarse en la idolatría de nuestras propias ambiciones, logros y placeres, buscando los destellos temporales que el mundo nos ofrece y priorizando lo que nos hace sentir bien, hasta el punto de abandonar al cónyuge con quien nos comprometimos delante de Dios mismo.

Elyse Fitzpatrick habla de la idolatría de la esposa de Lot cuando dice que su problema fue que ella: «... atesoraba a Sodoma más de lo que atesoraba a Dios».[1] En su caso, el lugar donde ella vivía, en el que había formado su hogar, era el mismo lugar donde su corazón residía y lo había convertido en su prioridad. Es posible que la mujer de la historia bíblica en la que estamos reflexionando haya tenido una vida llena de abuso y sufrimiento, lo que podría haberla llevado a creer la mentira de que no había nada de malo en el adulterio y que, por el contrario, lo que apareció es alguien más ofreciéndole una «mejor» vida que la que le ha dado su propio esposo.

Mi esposo y yo conversamos con muchas parejas y quisiera mencionar algunas razones similares que oímos de mujeres que han caído en adulterio y que las usan para «justificar» su infidelidad. Suelen mencionar la falta de atención, ausencia de conexión emocional, soledad, falta de intimidad, carencia de compatibilidad sexual, la rutina, la monotonía o el no ser valoradas. El adulterio muchas veces toma lugar cuando alguien más empieza a apreciar su apariencia, sus cualidades, habilidades o talentos. Esto puede ocurrir en cualquier lugar, como el trabajo o la misma iglesia y en lugares públicos que frecuentan con amigas o a solas. Es importante considerar que cometer adulterio es una elección personal y ceder sin importar cuál sea la razón para hacerlo es simplemente pecado.

---

1. Elyse Fitzpatrick, *Ídolos del corazón* (Colombia: Publicaciones Poiema, 2013), pág. 46.

También notamos que lo que antes era menos común, ahora es cada vez más frecuente. Las mujeres están alcanzando una mayor independencia profesional, se sienten más seguras al abandonar el hogar. Es triste reconocerlo, pero las mujeres dependían mucho del sustento de sus esposos solo unas décadas atrás. Aunque era posible que se encontraran atrapadas en matrimonios abusivos y relaciones tóxicas, muchas veces optaban por quedarse al no tener los recursos suficientes para salir adelante por sí mismas.

Quisiera aclarar que tener un título, ejercer una carrera y tener sus propios ingresos no es malo o pecado en sí mismo, pero si nos aferramos a la idea de que el título y la carrera nos proveen tal seguridad como para tomar la decisión de abandonar el hogar, entonces debemos examinarnos y reflexionar sobre nuestros propios valores. En esos casos, nuestra carrera y nuestros logros han adquirido una prioridad extrema, otorgándonos un poder pecaminoso como para permitir la idea de abandonar a nuestro cónyuge.

Si nuestras vidas no están arraigadas y fundamentadas en la única Roca inmutable y firme, que es Cristo, todas tenemos el potencial de poner nuestros deseos por encima de todo lo demás y, en el peor de los casos, por encima de Dios. Todas tenemos el potencial de caer en la mentira de que «el pasto es más verde al otro lado de la cerca». Esto no se limita únicamente al pecado del adulterio, sino a buscar nuestro propio placer y controlar todo a nuestro alrededor para lograr lo que nos proponemos.

¿En qué momento una mujer decide seguir sus deseos desordenados sin considerar las consecuencias?

Esta elección no se inicia cuando ya estas física e íntimamente involucrada con otra persona, sino que comienza desde el momento en que contemplas la idea de cómo sería estar con alguien más. Se inicia cuando te das cuenta de que te agrada la compañía de otro hombre que no es tu esposo, y comienzas a admirar sus cualidades, habilidades, dones y apariencia física. Las consecuencias no cruzan por tu mente en absoluto, ya que tu prioridad es deleitarte en lo que es prohibido y lo que está ocurriendo en ese instante.

Como sucede con la mujer adúltera, satisfacer nuestros apetitos más profundos conduce a la destrucción, a menos que nos enfrentemos al único, Cristo, que posee el poder de rescatarnos de nosotras mismas. Creer que somos lo suficientemente fuertes como para resistir la tentación y ponernos deliberadamente en situaciones donde podríamos caer, demuestra arrogancia y mucha falta de sabiduría.

> «El sabio teme y se aparta del mal, pero el necio es arrogante y descuidado» (Prov. 14:16).
>
> «Por tanto, el que cree que está firme, tenga cuidado, no sea que caiga» (1 Cor. 10:12).

Podemos pensar en un sinfín de excusas para justificar la razón que propició la caída en adulterio de alguien que amamos y «pasarle la mano». Es bueno que Juan no nos haya entregado un contexto más detallado con explicaciones de las razones detrás de las acciones de la mujer adúltera. Siempre es difícil discernir con justicia y podríamos empatizar con su pecado y verla como una víctima, o podríamos condenarla como los religiosos y considerarla como la «villana» de la historia. Sin embargo, lo más valioso de este pasaje trasciende nuestra opinión o nuestros propios sentimientos hacia ella. Por el contrario, el centro de esta historia descansa en lo que Jesús experimentó y en lo que hizo para rescatarla.

Es irónico descubrir que los escribas y fariseos citaran el mandamiento de la ley exigido para castigar el adulterio como si Jesús no lo conociera: «Moisés nos ordenó apedrear a esta clase de mujeres. ¿Tú, pues, qué dices?» (v. 5). Sus planes eran premeditados y estaban primordialmente enfocados en tenderle una trampa. A ellos no les importó en absoluto la vergüenza que esa mujer estaba experimentando en ese momento. Ella era simplemente un medio para llevar a cabo su plan. No había interés alguno en su persona, ni en cómo podría ser restaurada y rescatada de las tinieblas. Ellos conocían la ley y sabían que esta norma en particular que querían aplicar exigía que tanto la mujer como el hombre fueran apedreados y recibieran la pena de muerte (Deut. 22:22; Lev. 20:10). Su plan no era cumplir la ley, sino desafiar, exponer y «desenmascarar» a Jesús como un fraude frente a Sus seguidores.

Los religiosos insistían en una respuesta mientras Jesús parecía escribir con el dedo en la tierra. Jesús finalmente demostró Su sabiduría al responder a esta situación tan delicada con suma prudencia al decirles: «El que de ustedes esté sin pecado, sea el primero en tirarle una piedra» (v. 7). Estaría yendo en contra de la ley romana si hubiera dicho que la mujer debía ser apedreada. Los romanos no permitían que los judíos tuvieran autoridad para llevar a cabo la pena de muerte. Por otro lado, hubiera contradicho o negado la ley de Moisés si hubiera dicho que no debía ser apedreada. Él reveló Su sabiduría única al poner a los escribas y fariseos en una posición difícil, confrontándolos con su propia pecaminosidad. El juicio de Jesús no comenzó con la mujer, como ellos esperaban, sino con ellos mismos. Las palabras de Jesús los sorprendieron y fueron confrontados de tal manera que comenzaron a irse uno por uno, desde los ancianos a los más jóvenes, hasta que solo quedaron Jesús y la mujer (v. 9). Jesús guardó silencio mientras todos se alejaban y finalmente le preguntó a la mujer:

> «"Mujer, ¿dónde están ellos? ¿Ninguno te ha condenado?" Ella respondió, "Ninguno, Señor". Entonces Jesús le dijo: "Yo tampoco te condeno. Vete; y desde ahora no peques más"» (vv. 9-11).

Jesús demostró Su justicia y compasión al confrontar a los religiosos que acusaron a la mujer solo para probarlo. Fue evidente cuando desafió su hipocresía al llamar a aquellos sin pecado a lanzar la primera piedra. Jesús expuso la hipocresía de ellos y les recordó que todos, sin excepción, eran pecadores y que ninguno tenía la autoridad moral para condenar a la mujer. Jesús también reveló Su compasión y misericordia, y enseñó sobre la importancia del perdón. Jesús supo aprovechar la oportunidad para demostrar cómo lucía el arrepentimiento en lugar de enfocarse en el castigo y la condena. El resultado no fue una mujer muerta de forma cruenta, sino una vida transformada. Él le ofreció a la mujer una nueva oportunidad y la exhortó a no volver a pecar sin dejar de respetar la ley. No condenó a la mujer ni tampoco abolió la ley de Moisés. Jesús demostró que no había venido a anular la ley, sino a cumplirla, poniendo el énfasis real de la ley en la justicia, la misericordia y el perdón. Su respuesta dejó en claro que el amor y la compasión no estaban en conflicto con la ley, sino que armonizaban de forma perfecta. Jesús no solo supo interpretarla correctamente, sino que también la aplicó de manera justa.

¿Merecía esta mujer ser apedreada hasta morir por su pecado?

Sí, es muy claro que «la paga del pecado es muerte» (Rom. 6:23). Sin embargo, eso no es todo lo que dice el

Señor porque la segunda parte de este texto dice: «pero la dádiva de Dios es vida eterna en Cristo Jesús Señor nuestro». Aunque nunca minimizaremos la gravedad del pecado de adulterio, su violación del pacto matrimonial y la santidad del matrimonio es importante reconocer que Jesús, el único sin pecado y con autoridad soberana sobre el cielo y la tierra, optó por no condenarla.

El encuentro de la mujer adúltera con Jesús cambió radicalmente su destino. Lo que parecía ser su último día de vida se convirtió en una oportunidad de esperanza y un futuro muy diferente al que ella estaba encaminada. Jesús sabía que llevaría el pecado de ella y de toda la humanidad en la cruz en unos pocos días.

Jesús nos muestra una vez más que Él es un Salvador compasivo, sabio y justo, quien nos desafía a amar a nuestros enemigos y extender el perdón sin medida. Su ejemplo nos desafía a imitar su compasión y sabiduría, a tratar con nuestras propias luchas contra el pecado y con el pecado de quienes nos rodean. Nos convertiremos en verdaderas discípulas que viven su fe reflejando Su amor, gracia y misericordia al seguir más de cerca a Jesús y aprender de Él para vivir como Él vivió.

Un llamado a seguir el ejemplo de Jesús

La experiencia de la mujer adúltera nos enseña que solo en Cristo hay esperanza, restauración y evidencia de transformación, sin importar cuál haya sido nuestro pasado. Este acto compasivo no es fortuito o circunstancial, sino que forma una parte fundamental de Su carácter, de Su misión y del llamado que también nos hace a seguir Sus pisadas. Él dijo con absoluta claridad:

> «Porque de tal manera amó Dios al mundo, que dio a Su Hijo unigénito, para que todo aquel que cree en Él, no se pierda, sino que tenga vida eterna. Porque Dios no envió a Su Hijo al mundo para juzgar al mundo, sino para que el mundo sea salvo por Él» (Juan 3:16-17).
>
> «Pues si ustedes, siendo malos, saben dar buenas dádivas a sus hijos, ¿cuánto más su Padre que está en los cielos dará cosas buenas a los que le piden? Por eso, todo cuanto quieran que los hombre les hagan, así también hagan ustedes con ellos, porque esta es la ley y los profetas» (Mat. 7:11-12).

Él no solo perdonó a la mujer adúltera, sino que cambió su identidad. Pasó de ser una mujer adúltera a ser una mujer perdonada, restaurada, amada y aceptada. Su transformación fue tal que se convirtió en una mujer que finalmente encontró su satisfacción, plenitud y propósito en el único que tenía toda la autoridad de tirar la primera piedra para condenarla y que escogió no hacerlo.

Se convirtió en una mujer que finalmente encontró su satisfacción, plenitud y propósito en el único que tenía toda la autoridad de tirar la primera piedra para condenarla y que escogió no hacerlo.

No podemos decir que somos ajenas a la realidad de la mujer de esta historia. Ella representa a todas las mujeres, incluyéndome a mí y a ti. Nosotras siempre estaremos a la merced de que nos sean extendidos el perdón, la bondad y la infinita misericordia de Jesús. Todas necesitamos ser rescatadas de nosotras mismas y de todo aquello que hemos colocado por encima de Dios. No importa cuán hondo sea el hoyo en que hayas caído, ¡hay restauración en Jesús!

¿Qué enseñanzas prácticas podemos extraer de este pasaje para nuestras vidas diarias y cómo podemos aplicarlas?

Esta historia de victoria del perdón a pesar de la gravedad del pecado nos enseña a imitar a Jesús, especialmente en aquellos momentos donde alguien ha pecado en contra de nosotros. Nuestra primera reacción puede ser reprender y reprimir al ofensor, tal vez dejando de hablarle o rompiendo la relación como un acto de castigo. Jesús nos está desafiando a practicar la compasión y el perdón, como también nos exhorta Pablo:

> «Sean más bien amables unos con otros, misericordiosos, perdonándose unos a otros, así como también Dios los perdonó en Cristo» (Ef. 4:32).

Si imitamos a Jesús con todo nuestro corazón evitaremos el juicio y la condenación. Este pasaje nos hace conscientes de nuestro propio pecado y del riesgo que muchas veces corremos al juzgar y no recordar que también seremos juzgadas con el juicio con que juzgamos y que seremos medidas con la medida que medimos (Mat. 7:1-2). Es muy fácil ver la paja de los demás y estar cegadas a la viga que nosotras mismas tenemos (Mat. 7:5).

El reto que esta historia de inmensa compasión y perdón nos presenta es buscar con un espíritu de mansedumbre la restauración y el crecimiento espiritual de aquellas que han sido atrapadas en el pecado y que providencialmente el

Señor ha traído a nosotras con el fin de ser instrumentos de Su gracia y redención en el mundo.

> «Herman[as], aun si alguien es sorprendid[a] en alguna falta, ustedes que son espirituales, restáurenl[a] en un espíritu de mansedumbre, mirándote a ti mism[a], no sea que tú también seas tentad[a]. Lleven [las] un[as] las cargas de [las] otr[as], y cumplan así la ley de Cristo» (Gál. 6:1-2).

Alejandra Sura

Alejandra Sura tiene un máster en Consejería Bíblica del Seminario Teológico Westminster. Actualmente, es consejera, autora, comunicadora y produce contenido teológico para redes sociales y pódcasts. Vive en Filadelfia, EE. UU. con su esposo y dos gatitas.

Derrama tu corazón adolorido a los pies de Jesús

Lucas 7:36-50

Capítulo 8

Encuentro de Jesús con la mujer pecadora

«¿Crees que Dios me pueda perdonar?». Ella me lo dijo con lágrimas en sus ojos, aunque difícilmente podía yo divisarlas a través de la pantalla de mi *laptop*. Del otro lado de la reunión de Zoom, veía a Sofi[1] lamentar su pasado. Ella estaba divorciada y llegó a tener muchas parejas por mucho tiempo. Estaba avergonzada y estoy segura de que nunca me hubiera contado los detalles de su vergüenza si no fuera porque soy su consejera y mi posición exige total confidencialidad.

Sofi es una mujer de mediana edad que cometió muchos errores que le han causado daños significativos en su vida. A pesar de ir a terapia psicológica por mucho tiempo y tratar de enmendar su situación de diversas maneras,

1. Mi más sincera gratitud a mi amada amiga Sofi, quien con mucho entusiasmo me dio permiso para compartir su historia.

llevaba consigo una carga constante de culpa y vergüenza, especialmente frente al Señor. Se sentía indigna del perdón y creía que su pecado era imperdonable, lo que la mantenía sumida en una profunda vergüenza y en una sensación oscura de rechazo de parte de Dios.

Al escuchar sus palabras y ver sus lágrimas, solo pude pensar en una historia narrada en el Evangelio de Lucas. Abrí la Biblia virtual y comenzamos a leer juntas.

El Evangelio de Lucas relata un encuentro poderoso, lleno de matices y significado profundo: Se trata de un encuentro entre Jesús, un fariseo llamado Simón y una mujer pecadora (Luc. 7:36-50). Lucas pareciera querer honrar a esta mujer al no dar detalles sobre su nombre ni tampoco del pecado que la envolvía. Sin embargo, si consideramos el contexto de la sociedad judía del primer siglo, es probable que se tratara de una prostituta. En contraste, expone con claridad el pecado del fariseo «perfecto», quien, teniendo al Salvador del mundo frente a él, no logra reconocerlo debido a la dureza de su corazón.

El marco histórico y cultural de la sociedad judía del primer siglo nos lleva a encontrarnos con una religión que con frecuencia relegaba a las mujeres a un nivel muy inferior. No podemos imaginarnos el trato que se les daba a las prostitutas, quienes eran consideradas moralmente corruptas y eran socialmente marginadas. Desconocemos las circunstancias de estas mujeres, pero es muy probable que eran tan difíciles como para verse obligadas a participar en la venta de sus propios cuerpos como medio de subsistencia. Eran objeto de insultos y comentarios despectivos y enfrentaban humillación pública debido a su ocupación. En reuniones sociales, las prostitutas eran excluidas y rechazadas, incluso cuando acompañaban a personas respetadas. Eran miradas con desprecio y su pasado era utilizado para marginarlas y desacreditarlas.

Lucas narra que la mujer pecadora entra en la casa de Simón, donde Jesús estaba compartiendo una comida con él y otros invitados. Imagina el escenario: La mujer, con su pasado marcado por decisiones equivocadas, dolorosas y una gran desesperanza, se postra sin vergüenza alguna y delante de todos ante el Salvador y lleva un corazón cargado de arrepentimiento. En vez de sentarse de frente y sin tapujos como lo hace Simón, la mujer entra de forma sigilosa, se acerca a Jesús y tan solo se atreve a tocar Sus pies.

Su rostro oculto por la penumbra es un reflejo de su pasado oscuro y su carga de pecado. Su corazón anhela ser vaciado de la culpa con cada lágrima derramada. Pero en su pecho palpita una profunda esperanza, un anhelo de redención a través de un encuentro con la gracia y el perdón divino. La mujer no dice una palabra, pero está decidida. Se acerca con valentía y reverencia y derrama el perfume de su corazón quebrantado sobre los pies de Jesús.

Como quien se mueve al sonido de una melodía compuesta por lágrimas y perfume, la mujer pecadora se acerca a Jesús y derrama su corazón adolorido a los pies del Salvador. Con una humildad y entrega totales, unge los pies de Jesús con el perfume de su ruego y desesperación. La habitación se inunda con el olor a nardo puro que derrama de ese frasco de alabastro. Ese aroma se eleva hacia el cielo y busca el descanso que solo el perdón de Jesús puede ofrecer. Sus cabellos, que en otro tiempo fueron símbolo de seducción, ahora son el lienzo en el que se plasma su reverencia y entrega total. Este lugar se convierte en un espacio donde la rigidez de las normas religiosas y las apariencias sociales y culturales se encuentran frente a frente con la compasión y la gracia desbordante de Jesús.

Explorar esta historia en el Evangelio de Lucas nos permite profundizar en el significado de este encuentro del que podemos extraer lecciones valiosas para nuestras propias vidas. Ahora podemos reconocer la poderosa transformación que el amor y la gracia de Jesús pueden traer incluso sobre aquellos que son considerados como los más alejados o marginados por la sociedad. También nos permite entender que existen diferentes maneras de enfrentar nuestro propio pecado, algunas correctas y otras incorrectas.

Formas infructuosas de enfrentar nuestro pecado

Enfrentar el pecado de forma equivocada puede manifestarse de diferentes maneras. Por ejemplo, algunas personas optan por *ignorar* su pecado, tratando de evadir la responsabilidad y las consecuencias que este conlleva.

María, una mujer dedicada a su carrera profesional, había estado robando pequeñas sumas de dinero de la empresa en la que trabajaba para cubrir algunos gastos personales. Sin embargo, en lugar de enfrentar su pecado, pedir perdón y restituir el daño, eligió ignorarlo y seguir adelante como si nada hubiera pasado. La carga de su culpa se volvió cada vez más pesada con el paso del tiempo, llegó a afectar su bienestar emocional y hasta su rendimiento laboral. Muchas de nosotras, al igual que María, tendemos a evitar confrontar nuestro pecado. Elegimos vivir en negación, lo cual solo hace que se prolongue el problema y evita la oportunidad de experimentar el perdón y la transformación.

Otra forma equivocada de abordar el pecado es *minimizarlo*. Algunas mujeres tienden a restar importancia a sus acciones pecaminosas, justificándolas o comparándolas con otros pecados que consideran más graves. Ana, una madre de familia, se encontraba lidiando con un problema de adicción al alcohol. Aunque pensaba que su consumo era «discreto y nunca hacía el ridículo», ella no aceptaba que su consumo era excesivo y que estaba afectando su relación con su esposo e hijos. Ana buscaba convencerse a sí misma de que no era tan grave y lo minimizaba al compararlo con las adicciones más destructivas de otras personas. Ana le restaba importancia y no buscaba la ayuda y el apoyo necesarios para superar su adicción. Esta actitud generaba un ciclo continuo de destrucción y culpa. Esta actitud equivocada no solo trivializa la gravedad del pecado, sino que también minimiza la necesidad de la gracia y el perdón de Dios.

También solemos buscar compensar nuestro pecado a través de *obras o acciones externas*. Pensamos que realizar actos de bondad o piedad superficial puede contrarrestar nuestras transgresiones. Laura, una joven muy comprometida con su comunidad de fe, se sentía culpable por sus pecados pasados y buscaba compensarlos con su participación en la iglesia. Realizaba voluntariado, asistía a todas las reuniones y se esforzaba por cumplir todas las reglas y rituales. Sin embargo, aunque sus acciones eran buenas, gran parte de su motivación era errónea. Laura estaba más enfocada en ganarse el favor de Dios a través de sus obras que en confiar en la gracia y el perdón de Jesús.

Laura, como muchas mujeres, tenía una mentalidad de autosalvación basada en su propio desempeño, en lugar de reconocer su dependencia de la obra redentora de Jesús. Nuestra tendencia pecaminosa hacia la independencia hace que caigamos con facilidad en creer que podemos solas. Pero esa actitud nos conduce a una culpa sin esperanza, cargando con el peso de nuestros pecados y sintiéndonos incapaces de liberarnos de ellos. Esta carga constante puede afectar nuestra vida emocional, espiritual y relacional, e impedirnos experimentar la plenitud del perdón y la gracia de Dios.

A diferencia de estas mujeres, la mujer pecadora enfrentó la realidad de su iniquidad. Reconocer nuestro pecado sin ir a Jesús es una oportunidad desperdiciada. Vivir con una culpa sin solucionar es como llevar una pesada y sucia losa en el alma, una carga que parece nunca encontrar alivio. La culpa persiste cada día, recordándonos que hemos fallado y que no hemos encontrado redención. La culpa sin resolver puede manifestarse en síntomas como insomnio, ansiedad y depresión. Nos puede llevar a la autodestrucción, alejarnos de quienes amamos y sabotear nuestras relaciones. Además, puede convertirse en una barrera infranqueable que nos separa de una relación significativa con Dios y con nosotras mismas.

¿Cómo luce vivir con una culpa sin solucionar? Permíteme ilustrar algunas banderillas rojas:

> Falta de perdón y reconciliación: Tendrás la sensación de que tus oraciones no suben más allá del techo de tu habitación. Dios parecerá distante y hasta te sentirás acusada hasta el punto de que te será imposible pedir misericordia.[2] La conciencia del pecado sin la redención de Jesús nos sumerge en un abismo de

2. Es importante reconocer que esta sensación no siempre significa que hay algún pecado no confesado en nuestra vida. A veces pasamos por desiertos espirituales y no significa que tenemos un «pecado oculto que debemos descubrir» sino que se puede deber a otros factores.

culpa y condenación, sin la esperanza de ser liberados de esa carga aplastante. Es difícil encontrar una base sólida para la restauración de la relación con Dios sin la obra redentora de Jesús en la cruz que nos permite experimentar un perdón genuino. Además, la falta de perdón y reconciliación con otros puede generar resentimiento, amargura y relaciones rotas.

Dependencia de la autosalvación: Si descuidamos la necesidad de la gracia y el perdón de Dios a través de Jesús, nos aferramos a ilusiones efímeras de autosuficiencia. Esta actitud puede llevar a una mentalidad moralista y centrada en el desempeño, donde la persona busca ganarse el favor sirviendo, dando dinero o yendo a toda actividad de la iglesia. Sin embargo, esta búsqueda de expiación basada en el propio esfuerzo siempre será insuficiente y no podrá llevar a la verdadera transformación interna. Intentas escalar montañas resbalosas de obras, esfuerzos y rituales religiosos, olvidando que solo encontramos descanso en la gracia divina de nuestro Padre a través de la obra de Jesús.

Autocondenación sin cambios: Es como un jardín desolado, donde las malas hierbas sofocan las flores que anhelan florecer. Reconocer el pecado sin la presencia del Espíritu Santo y la obra transformadora de Jesús en nuestras vidas nos deja atrapados en ciclos destructivos, sin la fuerza para romper las cadenas y experimentar un verdadero cambio de corazón y carácter. Si te pareces más al fariseo de la historia, quizás el cambio luzca como un corazón compasivo, libre de moralismo y de apariencias. Se puede caer en una espiral de autocondenación y culpa interminable cuando alguien busca arrepentirse sin la reconciliación y la redención ofrecidas por Jesús. Sin la comprensión y la aceptación del perdón divino tal como Dios lo ha establecido en Cristo, no se encontrará alivio ni liberación de la carga del pecado. La persona se verá atrapada en un ciclo de remordimiento y autodesprecio y sin una esperanza real de redención.

Ausencia de una base moral objetiva: Es como caminar en un bosque tenebroso sin una brújula que nos guíe. El reconocimiento del pecado se vuelve relativo y subjetivo sin un punto de referencia claro y absoluto. Justificamos nuestras acciones según nuestros deseos y preferencias y perdemos así el rumbo moral y la responsabilidad que conlleva someternos a un estándar superior establecido por un Dios soberano y misericordioso.

Carencia de esperanza y propósito: La barca de nuestra vida navegará las tormentosas aguas de la incertidumbre sin una perspectiva cristocéntrica. Nos encontraremos sin anclaje para la esperanza y el propósito en medio de la conciencia del pecado. La gracia y el amor de Jesús son el ancla que nos mantiene firmes en medio de cualquier tormenta. Jesús nos garantiza salvación, restauración y una conexión íntima con Dios. Sin Jesús, caeremos en la desesperanza y el vacío existencial.

Él nos ha dado la comprensión del propósito para nuestra vida: vivimos en medio de la historia de salvación que empezó en Génesis, se desarrolla a lo largo del Antiguo Testamento y profetiza la venida del Salvador del mundo. Nosotros estamos al otro lado de la cruz, en la época de la predicación de las buenas nuevas. ¡Todo lo que hacemos y lo que somos es en

> función de tener más oportunidades de compartirlas! Incluyendo nuestras fallas, defectos y pecados. Piensa en cómo tu vida puede ser como la de la mujer pecadora: incluso su pecado fue utilizado por Dios para revelar la belleza de Jesús. Su humildad y búsqueda desesperada de reconciliación dejaron brillar la bondad y el amor de su Salvador. ¿De qué manera tus debilidades muestran el amor y el poder de Jesucristo al mundo?

En conclusión, reconocer nuestro pecado desde una perspectiva que no es cristocéntrica nos llevará, sin duda, a un mar de dificultades: Falta de perdón, dependencia de la autosalvación, falta de transformación interna, ausencia de una base moral objetiva y carencia de esperanza y propósito. No sabemos qué ocurrió con la mujer pecadora después de ese encuentro con Jesús, pero sí sabemos que él la alabó y le dio nuevos bríos para continuar. La obra redentora de Jesús y Su gracia nos ofrecen una solución completa y transformadora para nuestro pecado, brindándonos esperanza, perdón, reconciliación y la capacidad de ser renovados en nuestra relación con Dios y con los demás. Él nos guía a través de los desafíos y nos conduce hacia una vida plena y significativa que le da la gloria.

Formas fructíferas de enfrentar nuestro pecado

La mujer pecadora fue consciente de su pecado, se arrepintió y obtuvo redención, perdón y esperanza. Nosotros también podemos experimentar un cambio profundo en nuestras vidas cuando nos volvemos conscientes de nuestro pecado de manera adecuada. Esto implica permitirnos lamentar en arrepentimiento nuestro pecado, agradecer cada vez más la obra de Jesús y celebrarlo, para finalmente buscar conocerlo más y dejarnos maravillar por Su belleza y ser poco a poco motivadas a ser más como Él.

Un verdadero arrepentimiento *involucra lamentar nuestro pecado*. Lamentar profundamente nuestra separación de Dios implica reconocer el abismo que existe entre Su santidad y nuestras transgresiones. Este lamento sincero nos lleva a un arrepentimiento genuino y a buscar Su perdón y restauración.

Seguramente has sentido ese anhelo si has conocido la fe que proviene de Dios por Su Palabra. La gravedad de tu pecado y la brecha que creó entre tú y Dios se hicieron evidentes. En esos momentos, el pesar y el arrepentimiento te envolvieron. Te animo a que no sucumbas a la tentación de ignorar este lamento o minimizar la gravedad de tus actos. Recuerda la historia de la mujer pecadora cuyo perdón llegó después de un profundo lamento delante del Señor. Este lamento genuino la llevó a buscar la reconciliación con Dios a través del arrepentimiento sincero, la confesión de sus faltas y la búsqueda del perdón y la restauración de Dios. Algunas cosas prácticas que puedes hacer en tu etapa de lamento:

> *No te niegues el derecho de derramar lágrimas, ya que ellas tienen el poder de sanar y liberar.* La Biblia nos muestra que el llanto puede ser una expresión genuina de dolor y arrepentimiento. Dios nos ha provisto de lágrimas como una manera de procesar nuestras emociones y experiencias; por lo tanto, no debemos restringirlas, ignorarlas o esconderlas.
>
> *Permítete sentir y expresar tus emociones a través de las lágrimas, pues es una forma de conectar con tu interior y permitir que el proceso de sanación comience.* No tengas miedo de mostrar tu vulnerabilidad ante Dios y ante ti misma, pues en esos momentos de sinceridad es

que el Señor puede obrar en tu vida y traer consuelo y restauración.

Recuerda que las lágrimas no son signo de debilidad, sino de humanidad y autenticidad. Al permitirte llorar y enfrentar tus emociones, te abres a la posibilidad de un encuentro más profundo contigo misma y con Dios. Así que no contengas tus lágrimas, sino, más bien, permíteles fluir como una forma de expresar la realidad de tu corazón delante de Aquel que te conoce y te ama incondicionalmente.

Ayuna con propósito y no como castigo. Los israelitas, siguiendo las indicaciones de Dios, erigían altares en lugares específicos para conmemorar Sus obras maravillosas. Dios continúa obrando maravillas al disponer nuestros corazones para que reconozcamos nuestros propios pecados. En aquel tiempo, el ayuno era un símbolo de arrepentimiento. Hoy en día, podemos transformar este concepto en un altar personal en nuestras vidas. Cuando experimentemos arrepentimiento, podemos honrarlo mediante un tiempo de ayuno y reflexión, estableciendo así un espacio sagrado para conectarnos con Dios y reconocer Su influencia en nuestra vida. Reconoce tu dependencia de Jesús y de Su Palabra para vivir durante ese tiempo. Reconoce tu necesidad de Él, tal como necesitas también del alimento para tu cuerpo.

Confiesa tus pecados al Señor y a alguien de confianza. Quizás sea apropiado que busques después humildemente el perdón de aquellos a quienes hayas ofendido. Pide a otros que oren por ti para que el Espíritu Santo transforme tu corazón y carácter. Aprovecha esta oportunidad para que tu arrepentimiento refleje el carácter manso y humilde de Jesús. Tu acción podría inspirar a otros a reconocer Su grandeza y experimentar el evangelio de manera viva en tu vida. No se trata solo de proclamarlo con palabras, sino de demostrarlo con acciones concretas. Al adoptar una actitud humilde y compasiva, estarás compartiendo el mensaje de amor y redención de Jesús de una manera poderosa y auténtica. Permítele a tu arrepentimiento ser un testimonio vivo de la gracia y misericordia que Dios nos ofrece a todos. Así, como el arrepentimiento de la mujer pecadora, que el tuyo se convierta en un ejemplo de fe en acción y de cómo el poder transformador del evangelio puede tocar corazones y cambiar vidas.

Un verdadero arrepentimiento involucra agradecer y celebrar aún más la obra de Jesús. Valoramos cada vez más el sacrificio que Jesús hizo en la cruz para redimirnos a medida que agradecemos cada vez más la grandeza de la obra de Jesús por nosotros. Reconocemos que no hay obras o méritos propios que puedan salvarnos, sino solo la gracia y el amor inmerecido de Jesús. Celebrar cada vez más el amor de Jesús por nosotras implica regocijarnos por completo en Su perdón y misericordia. En lugar de vivir en la culpa y la condenación por siempre, nos aferramos a la verdad proclamada en las Escrituras de que somos amadas y aceptadas en Él, por Su obra en Su muerte y Su resurrección. Esta celebración nos llena de gozo y nos impulsa a vivir en obediencia y gratitud.

Esto es vivir una vida *cristocéntrica,* donde el evangelio permea cada momento de tu vida. No importa lo que pase, Jesús y las buenas noticias del evangelio siempre nos alcanzan para darnos esperanza y alegría. Podemos descansar en saber que Dios sí está haciendo Su obra en nosotras (por más lento que parezca) y que Él es quien «produce en ustedes tanto el querer como el hacer» (Fil. 2:13, NVI). Considera cómo te libra Jesús de esta lucha particular o fallas de carácter:

1. De forma general: a través de la cruz y la resurrección.

2. De forma específica: oportunidades, palabras de otras personas, pasajes bíblicos, prédicas, libros y cualquier otro medio que te ayude a pelear la buena batalla contra la tentación.

Finalmente, anhelamos que nuestro corazón se asemeje cada vez más al de Jesús cuando *buscamos aprender más de Él.* Deseamos ser transformadas a Su imagen, reflejando Su amor, compasión y perdón hacia los demás. Solo podemos lograrlo al conocerlo más, dejando que Su Palabra y obras moren en nuestro corazón. Este anhelo nos motiva a buscar una relación íntima con Él, permitiendo que Su Espíritu Santo obre en nosotras y nos moldee a Su semejanza. Aprender de Él no es solo una tarea intelectual, sino que involucra tanto la mente como el corazón bajo la guía del Espíritu Santo. Por lo tanto, debes buscar seguir los siguientes consejos:

> Sumérgete en Su Palabra: Dedica tiempo diario a *estudiar y meditar* en las Escrituras. Descubrirás más sobre el carácter de Dios, el cual Jesús conocía de forma perfecta, a medida que te sumerges en la verdad de la Palabra de Dios. Conocer a Dios le permitió honrar al Padre en todo y, por lo tanto, Dios quiere hacer lo mismo contigo. Permite que el carácter de Dios, Sus enseñanzas y preceptos llenen y guíen tus pensamientos, decisiones y acciones.

Ora constantemente: Establece una comunicación constante con Dios a través de la *oración*, pero también a través de recordar Sus palabras en toda situación. Comparte con Él tus anhelos, preocupaciones, alegrías y luchas; recuerda que Él es tu «Admirable Consejero» (Isa. 9:6). Pídele que te ayude a reflejar Su amor y compasión en todas tus interacciones. La oración es un medio poderoso para conectarte íntimamente con Jesús y prepararte para que Su Espíritu obre en tu corazón.

Aprende de Su vida y obra: Lee los Evangelios para conocer más sobre la vida terrenal de Jesús. Examina cómo Él interactuó con diferentes personas, cómo mostró amor y compasión hacia los necesitados y cómo perdonó incluso a aquellos que le hicieron daño. Estudia Sus milagros, Su ministerio, reflexiona y clama al Espíritu Santo, quien te ayuda a aplicar esos principios en tu propia vida.

Cultiva la humildad y el servicio: Cuánto más te acercas a Jesús, así crecerá más en ti un corazón humilde y un deseo de servir a los demás. Busca oportunidades para mostrar amor, compasión y perdón a quienes te rodean. Aprende a escuchar con atención, a perdonar de corazón y a poner las necesidades de los demás por encima de las tuyas propias. Esa era la actitud de vida de Jesús que nosotras debemos imitar (Fil. 2). De esta manera, te propondrás reflejar el carácter de Jesús en tu vida diaria.

Vive en obediencia: Es importante vivir en obediencia a Sus enseñanzas a medida que conoces más a Jesús. Esto implica tomar decisiones que estén alineadas con Su voluntad y seguir Sus mandamientos. Mantén tu corazón en sintonía con el Espíritu Santo, permitiéndole que te guíe en tus decisiones a través de la verdad de las Escrituras y te fortalezca así en tu caminar de fe.

El proceso de asemejarnos a Jesús es gradual y requiere tiempo, paciencia y dependencia de Su gracia. No te desanimes en el camino, sino persevera con confianza en que Él está obrando en ti y te transformará a Su imagen mientras buscas sin pausa una relación íntima con Él.

Aprendamos del error de Simón: «¿Quién te crees que eres?»

En ese encuentro también estaba Simón el fariseo, un hombre de aspecto venerable y porte erguido. Estaba sentado en su espaciosa sala, probablemente adornada con ricos tapices y finos muebles tallados. Su vestimenta era impecable, ataviado con una túnica de lino blanco, símbolo de su devoción religiosa y estatus social. Su barba bien cuidada y mirada penetrante revelaban una autoridad innata.

Él observa con ojo crítico la escena que se desarrolla ante sus ojos. En su casa se ha congregado un grupo heterogéneo de personas, entre ellas algunos de sus colegas fariseos y miembros prominentes de la comunidad religiosa. Sus rostros muestran la seriedad y la solemnidad que acompañan a los encuentros de esa naturaleza.

En el centro de la sala se encuentra esa mujer, la «pecadora», una figura que contrasta fuertemente con la pureza y rectitud que tanto valora Simón. Sus ojos alternan entre la mujer y el invitado especial que ha atraído la atención de todos: Jesús de Nazaret. El rabí itinerante, de aspecto modesto pero carismático, irrumpió en la reunión con una humildad que contrasta con la ostentación de la casa de Simón.

Las interacciones entre Simón y Jesús están cargadas de tensión. El fariseo, confiado en su conocimiento de la ley y las tradiciones religiosas, cuestiona internamente la autenticidad de este visitante misterioso y sus acciones. Observa con escepticismo cómo Jesús acoge con calidez a la mujer pecadora, sin repudiarla ni condenarla como esperaría la sociedad.

Mientras Simón se regodea en su propio juicio, Jesús, con una sabiduría compasiva, le ofrece una parábola reveladora que lo confronta con su propia falta de amor y entendimiento. Simón observa en silencio, sin entender del todo lo que sucede ante él. El contraste es monumental: mientras que la mujer demuestra una profunda fe en la realidad de la persona de Jesús, Simón cuestiona su identidad y le muestra poco amor y respeto.

El fariseo se escandaliza. La respuesta de Jesús señala el contraste palpable entre ambos personajes. Mientras el fariseo con las justas atendió a Jesús en su casa, la mujer le dio total bienvenida a su corazón. Simón murmuró y cuestionó mucho dentro de sí, pero la mujer se mantuvo en silencio y solo anheló las palabras de Jesús. El fariseo dudó de Jesús, mientras que la mujer se rindió por completo a Sus pies. Él se preocupó por lo correcto, pero la mujer buscó trascender las normas con tal de acercarse al Mesías. Él ocultó sus emociones, pero las de la mujer hablaron por sí solas. Él no exaltó a Jesús, mientras que la mujer sí lo hizo al ungirlo con ese perfume costoso. Podría decir que Simón el fariseo pecó «poco», pero la mujer había pecado «mucho». Sin embargo, fue él quien recibió una reprimenda, mientras que ella encontró salvación.

Las palabras de Jesús son centrales: «… sus pecados, que son muchos, han sido perdonados, porque amó mucho; pero a quien poco se le perdona, poco ama» (v. 47), y revelan la clave de esta historia:

> Valoraremos aún más la liberación y sanación divina que nos espera cuando sintamos el peso de nuestro pecado. Acercarse a Jesús reconociendo la gravedad de nuestras deudas con Dios nos permite amarlo con mayor intensidad.

La mujer pecadora no se escondió detrás de sus circunstancias, sino que demostró una profunda conciencia de la seriedad de su falta al acercarse a Jesús. El fariseo se mostró arrogante, minimizando su propio pecado al compararse con la «pecadora». La trivialización de su propio pecado lo llevó a subestimar la obra de Jesús. La respuesta de Jesús a ambos personajes también es significativa. Aunque señala directamente el pecado de la mujer, los lectores nos quedamos con la clara impresión de que el condenado es el fariseo. Lo que él recibe es corrección, mientras que ella recibe perdón y consuelo.

Quizás el mayor problema de Simón es que cayó en el peligroso fango de los «rangos» religiosos. Estos rangos y el moralismo farisaico radican hoy en la tendencia a establecer jerarquías y criterios de superioridad moral dentro del cristianismo, lo cual va en contra de los principios fundamentales del mensaje de Jesús.

Algunas personas tienden a categorizar a los creyentes en diferentes niveles de espiritualidad o compromiso con la fe, lo que puede llevar a un falso sentido de superioridad o exclusión. Esto se manifiesta en actitudes como juzgar y menospreciar a aquellos que no cumplen con ciertos estándares religiosos, tradiciones particulares o que tienen diferentes interpretaciones de la fe y su aplicación. Esta mentalidad de «rango» crea divisiones y barreras en lugar de fomentar la unidad y el amor entre los seguidores de Cristo.

Lo anterior no nos debe llevar a concluir que todas las posturas teológicas sean aceptables. Nuestra tarea es discernir esas diferencias, retener lo bueno, desechar lo malo y amar a nuestro prójimo como a nosotras mismas. Muchas veces las mujeres caemos en el error de menospreciar a quienes piensan o actúan ligeramente distinto, o hacemos un gran escándalo por diferencias secundarias que no están tan claramente delineadas en la Palabra de Dios.

El moralismo farisaico se caracteriza por una actitud que se enfoca exclusivamente en cumplir normas y reglas externas, impuestas por tradiciones humanas, mientras descuida el estado del corazón. En contraste, la perspectiva bíblica destaca que Dios anhela un servicio motivado por el amor hacia Él, un servicio que emana de nuestro gozo y de la íntima relación que compartimos con nuestro Salvador. Las personas que se aferran al moralismo farisaico tienden a enfocarse en la apariencia y en establecer un conjunto de reglas y expectativas que deben cumplirse externamente y de forma rigurosa. Esta mentalidad suele llevar a la hipocresía, la falta de compasión hacia los demás y una falta de verdadera transformación interna.

El moralismo es contrario al mensaje central de Jesús, quien enfatizó el amor a Dios y al prójimo como los mandamientos más importantes. Jesús criticó y confrontó a los fariseos de Su tiempo por su hipocresía y su enfoque en las apariencias externas, destacando la importancia de la sinceridad y la transformación del corazón a través de un arrepentimiento genuino.

Emprender nuestro propio camino de arrepentimiento genuino

¿Cómo podemos comenzar ese camino del arrepentimiento genuino? El reconocimiento de la belleza de Jesús y el anhelo profundo de seguirlo son el punto de partida para experimentar un arrepentimiento verdadero y transformador. Así como en menor escala encontramos inspiración en personas que admiramos, la vida y las enseñanzas de Jesús pueden motivarnos y desafiarnos a vivir una vida más significativa, plena y en sintonía con los valores y mandamientos que Él nos enseñó. Jesús no solo es un modelo para seguir como los demás, sino que también es el Salvador que ofrece perdón y redención, capacitándonos para seguir Sus pasos con el poder de Su Espíritu en nuestras vidas.

Cuando contemplamos la vida, las enseñanzas y el carácter de Jesús, Su amor incondicional, compasión, humildad y Su sacrificio en la cruz por la humanidad, nos enfrentamos a la belleza incomparable de Su persona. Por medio de este encuentro con la belleza de Jesús, el Espíritu Santo también nos revela nuestra propia necesidad de cambio y transformación. Al comparar nuestras vidas con la perfección y el amor de Jesús, se hace evidente nuestra incapacidad para vivir a la altura de ese estándar. Esto nos inspira a reconocer nuestras faltas y pecados y a desear sinceramente alejarnos de ellos para ser más como Él.

El anhelo por la belleza de Jesús y Su obra nos impulsa a buscar una relación más profunda con Él y, en ese proceso, el arrepentimiento se vuelve algo más que un acto aislado; se convierte en un camino continuo de transformación. Nos damos cuenta de que necesitamos estar constantemente en

Su presencia, aprendiendo de Él, siendo moldeadas por Él y dejándonos guiar por Su Espíritu.

Por medio del Espíritu Santo y a través de esa relación íntima con Jesús es que el arrepentimiento se convierte en una respuesta natural a Su amor y gracia. A medida que experimentamos el perdón y la redención que ofrece Jesús, nuestros corazones son transformados, se llenan de gratitud y del deseo de vivir una vida que refleje Su amor y Sus enseñanzas.

Es esencial recordar que el cristianismo se basa en la gracia de Dios y en la obra redentora de Jesús, no en nuestros propios esfuerzos o logros. No debemos caer en la trampa de juzgar a otros creyentes por su nivel de aparente espiritualidad o por su apariencia externa, sino, más bien, enfocarnos en vivir nosotras mismas una vida centrada en el amor, la humildad y la compasión, reconociendo que todos dependemos de la gracia de Dios y necesitamos Su perdón y transformación constante.

Conclusión

Un descanso suave envolvía a Sofi como un abrazo divino mientras continuábamos explorando el cautivador recuento de la mujer pecadora. Se llenó de una renovada confianza y gratitud cuando comprendió que su pecado, por grande que fuera, no estaba más allá del alcance del amor redentor de Jesús. Las cadenas de la culpa se fueron desvaneciendo y fueron reemplazadas por el lazo eterno de la gracia que solo el Salvador puede atar con fuerza y para siempre.

Sofi no solo se lamentaba por su pasado en ese encuentro virtual, sino que agradecía cada vez más la grandeza de la obra de Jesús en su vida. Descubrió un gozo profundo en el amor sin igual de Jesús. Celebró la maravilla de recibir un perdón inmerecido que desplegaba las alas de la esperanza en su vida. Anhelaba que su corazón se asemejara más al de Jesús y que sus pensamientos y acciones reflejaran la gracia que había experimentado.

Noté en los siguientes encuentros cómo su corazón se llenaba cada vez más con la certeza de que el amor de Jesús era suficiente para cubrir toda su vergüenza y restaurar su dignidad perdida. Varios meses después, he tenido el privilegio de ser testigo de su compromiso de caminar en obediencia y fidelidad al someterse a que el amor transformador de Jesús moldee su carácter. Sigue luchando con otras situaciones en su vida, sigue cometiendo errores, pero cada día va siendo transformada y se vuelve con más prontitud a la esperanza que le ofrece Cristo.

El relato de Jesús, Simón y la mujer pecadora, desafía las normas sociales y religiosas de todas las épocas porque destaca el amor y la gracia de Jesús hacia las personas marginadas y rechazadas. Lucas nos invita a reflexionar sobre nuestra propia actitud hacia aquellos que son considerados pecadores o excluidos por la sociedad. También nos enseña sobre la importancia de ir más allá de las apariencias y valorar el amor y la misericordia de Jesús obtenidas en Su obra redentora a través de Su muerte y resurrección. Además, esta hermosa historia nos invita a ser más como la mujer pecadora, a acercarnos a Jesús con humildad y entrega incondicional. Nos desafía a dejar atrás la vergüenza, el temor y a confiar en la inmensidad de Su amor y perdón, no solo el día de nuestra conversión, sino cada día de nuestra vida cristiana.

¿Te has sentido alguna vez como la mujer pecadora, cargando con el peso de tus errores y transgresiones?

No estás sola. Jesús puede recibirte con brazos abiertos y consolarte con esas maravillosas palabras:

«Mujer, tu fe te ha salvado».

No importa cuán grande sea tu pecado o cuánto te hayas alejado, Su gracia siempre será suficiente.

Así como la mujer pecadora experimentó una transformación profunda al encontrarse con Jesús, también tú puedes experimentar esa misma transformación en tu vida. Deja que Su Espíritu Santo te guíe en el camino de la restauración y la renovación.

Es mi oración que la historia de la mujer pecadora sea también un llamado a ser valiente y a enfrentar tu vergüenza. Al mismo tiempo, es mi anhelo que la exhortación que recibió Simón el fariseo te confronte y te mantenga alerta. Acércate a tu Señor con humildad, arrepentimiento y confianza, creyendo en quién Él dice ser y en lo que ha hecho a tu favor. Su gracia inundará tu vida, te cambiará y te llevará a vivir en plenitud y libertad para Su gloria. Maravíllate con Su inmenso amor que ofrece el perdón con Su propia vida. Que ese amor te transforme, te llene de esperanza y te inspire a vivir una vida de fidelidad a Dios y compasión hacia los demás.

Teresa Caballero

Teresa Caballero es esposa de Fermín IV, pastor de Semilla de Mostaza México por más de dieciocho años. Tienen tres hijas. Teresa dirige el ministerio de mujeres *A sus pies*, por medio del cual ha tocado la vida de miles de mujeres a través de retiros, conferencias y talleres predicando la Palabra expositivamente e invitando a conferencistas internacionales que comparten temas relevantes para la vida actual y siempre enraizados en la Palabra de Dios.

La decisión más importante de las seguidoras de Jesús

Lucas 8:1-3

Capítulo 9

Las mujeres que seguían a Jesús

«María le debía todo a Jesús. Ella lo sabía. Su subsecuente amor por Él reflejó la profundidad abismal de su gratitud» (John MacArthur).

Iba con mi hija menor en el avión que aterrizó esa tarde en Dallas. Ella llevaba algunos años practicando gimnasia y esa semana estaría concentrada en entrenamientos y durante el fin de semana en competencias. El gimnasio estaba a las afueras del área metropolitana, por lo que llegamos de noche al hotel donde nos hospedaríamos. En el estacionamiento me llamó la atención una camioneta SUV estacionada a un lado de nosotras. Se veía extraña, sus ventanas estaban totalmente cubiertas por dentro como si no dejaran pasar la luz y no se veía a través de ellas.

Cuando bajé del auto me di cuenta de que la camioneta estaba completamente llena de cosas. Había cajas, ropa, libros, periódicos, adornos, cuadros y todo lo que te puedas imaginar. Me adelanté para verla por el parabrisas del frente y pude reconocer que solo el espacio del conductor estaba libre. Estaba frente a la camioneta de un «acumulador», algo que solo había visto en la televisión.

Acumuladores Compulsivos es uno de los *reality shows* más vistos en la historia de la televisión. Durante su estreno tuvo una audiencia de 2,5 millones de personas. El show muestra a familiares preocupados porque la casa de un ser amado se ha convertido en una trampa, en una bomba de tiempo. Esa persona ha acumulado tantas cosas que ya no tienen espacio para vivir. Ver la forma en que viven produce ansiedad y sentimientos encontrados.

Esas personas han acumulado tantas cosas que el solo hecho de pensar en perderlas o deshacerse de ellas les hace sentir dolor y angustia. Muchas de esas cosas son inservibles, por no decir todas, pero controlan sus vidas. Una de las lecciones que he aprendido de ese programa es que si no controlas tus bienes, tus bienes te van a controlar a ti. Otra palabra para bienes es posesiones, por lo que también podría decir que si no posees tus posesiones, tus posesiones te poseen a ti.

Quizás no sea tu caso, pero tengo una pregunta para ti: ¿Qué lugar tienen tus bienes y tus posesiones en tu corazón? ¿Eres una acumuladora o estás dispuesta a utilizar tus bienes para alcanzar a otros?

Las mujeres que conoceremos en esta historia son las que usaron sus bienes en beneficio de la obra de Dios. ellas acompañaron a Jesús a cada lugar donde iba y participaron en Su misión con sus propios recursos. Lucas nos las presenta de la siguiente manera:

> «Aconteció después, que Jesús iba por todas las ciudades y aldeas, predicando y anunciando el evangelio del reino de Dios, y los doce con él, y algunas mujeres que habían sido sanadas de espíritus malos y de enfermedades: María, que se llamaba Magdalena, de la que habían salido siete demonios, Juana, mujer de Chuza intendente de Herodes, y Susana, y otras muchas que le servían de sus bienes» (Luc. 8:1-3, RVR60).

Las mujeres que servían a Jesús

No me puedo imaginar la oscuridad en la que vivía María Magdalena antes de encontrarse con Jesús. Lucas nos dice que había estado poseída por siete demonios. ¡Siete demonios! Sabemos que los poseídos por demonios tenían una vida en las tinieblas por los otros relatos en los Evangelios. Algunos de ellos vivían entre los sepulcros, se automutilaban con piedras y nadie se acercaba a ellos por su comportamiento violento. Otros eran arrastrados al fuego o al agua para hacerles daño o matarlos. No me imagino lo que ella estaba padeciendo antes de su encuentro con Jesús.

Es importante señalar que nunca este tipo de personas vienen a Jesús por sí mismas, sino que son traídas por otros o Jesús mismo se acerca a ellas. Esto me hace pensar en la gratitud y devoción con la que María Magdalena debió haber comenzado a seguir a Jesús. Ella había sido liberada y su vida transformada por completo. No sabemos mucho más de ella y suele confundírsele con la mujer que lloró a los pies de Jesús,[1] una mujer a la que simplemente se la conoce como «pecadora» o también con la mujer sorprendida en adulterio,[2] pero no hay ningún indicio que relacione a estas mujeres con María Magdalena.

No sabemos por cuántos años el dolor, la aflicción, la depresión, la ansiedad, la locura y la demencia fueron sus acompañantes, sobre todo una soledad debido a que nadie podía hacer nada por ella, ningún ser humano podía ayudarla, hasta que llegó Jesús y la liberó con Su poder sobrenatural. ¿Qué habrá sentido ella al recibir tal libertad? ¿Qué podía ella hacer para agradecerle al Señor por Su libertad?

¿Qué había hecho ella para ser libre?
Nada.
¿Qué podía hacer ella?
Nada.

Ella simplemente fue receptora de la gracia de Dios, esa gracia incomparable e inmerecida del Dios eterno, nuestro Señor Jesucristo, quien se hizo hombre para acercarse a nosotros y que pone Sus ojos en nosotros para salvarnos porque no podemos liberarnos por nosotros mismos. Él murió por nuestros pecados y resucitó de entre los muertos para darnos una vida nueva y eterna junto a nuestro Creador y Redentor.

María Magdalena recibió gracia y su respuesta, así como la respuesta de otras mujeres que experimentan la misma gracia, fue servir al Señor con una inmensa gratitud. Esa actitud nos inspira a formar parte de los planes de Dios.

---

1. Ver capítulo 8.
2. Ver capítulo 7.

La respuesta es seguir a Jesús

Jesús andaba de ciudad en ciudad recorriendo pueblos y ciudades con un propósito específico: Predicar y anunciar el evangelio del reino de Dios. La llegada del reino venía con un llamado compasivo al arrepentimiento, se anunciaba el perdón de pecados y una nueva relación con Dios. Cada señal que Jesús realizaba apuntaba al cumplimiento de la profecía de la venida del Mesías.

Jesús ya había escogido a doce hombres que lo acompañaban en Su misión. Eran discípulos que recibieron el llamado a seguirle. En esa época los rabinos escogían a sus discípulos y Jesús hizo lo mismo. Él recorrió Galilea y seleccionó a estos hombres que venían de contextos muy distintos. Algunos eran pescadores, cobradores de impuestos y otros trasfondos. Esto era algo un poco extraño porque no escogió entre los hombres religiosos e instruidos. No, Él escogió hombres comunes y corrientes de entre el pueblo.

Pero aún era más extraño que mujeres comenzaran a seguirle ¡como lo hacían Sus discípulos! La mujer no era considerada para ser instruida en la ley, no era elegida por los rabinos para tomarlas bajo su tutela. La cultura y la sociedad imperante las menospreciaba, tanto que hasta no se le permitía a una mujer entablar una conversación en público con un hombre. Pero Jesús siempre les dio un lugar especial a las mujeres y trajo una dignidad a sus vidas que les era negada por el resto.

Jesús les dijo a Sus discípulos: «Si alguien quiere venir en pos de Mí, niéguese a sí mismo, tome su cruz, y que me siga» (Mat. 16:24). El llamado que Jesús hacía a seguirlo implicaba entregarlo todo y dejarlo atrás, incluso la propia vida, muriendo a ti misma, tus planes, deseos e incluso el gobierno de tu propio futuro. Estas mujeres, incluyendo a María Magdalena, lo habían dejado todo para seguir a Jesús. Algunos de los hombres, que se convirtieron en los doce, dejaron sus negocios incluso en su momento de mayor éxito para seguirlo. Ellas también permanecían cerca escuchando a Jesús anunciar y predicar el evangelio del reino, viendo las obras de Jesús, la manifestación de Su poder sobre la enfermedad y Su manera de hablar con autoridad y esa inmensa compasión con la que levantaba y rescataba a otros.

Servían a Jesús con sus bienes

María Magdalena vio que lo que Jesús había hecho en ella, también lo realizaba en otras personas que estaban tan necesitadas como ella. Algunas de esas mujeres decidieron no quedarse fuera de esta misión de rescate y liberación. Ellas usaron de sus propios recursos para servir a Jesús y a los doce apóstoles. No sabemos con cuántos recursos contaba María Magdalena o las demás mujeres, pero lo que Lucas nos dice es que ellas estaban gastando de sus propios recursos. María Magdalena tenía recursos para participar en la obra de Jesús, pero esto no necesariamente implica que tenía una situación acomodada o que tenía muchos recursos. Solo que eran suyos y los puso a disposición de la obra de Dios. Lo más importante no es la cantidad sino participar con lo que tenemos cuando existe la oportunidad.

Algo que podemos inferir del servicio que estas mujeres hacían a la obra del Señor es que sus posesiones no las controlaban, sino que ellas controlaban lo que tenían y lo disponían generosamente para la obra de Dios. Ellas habían aprendido una lección que nosotras no podemos perder de vista: Los bienes que tenemos en este mundo son finalmente del Señor y debemos administrarlos no solo para satisfacer nuestras necesidades y las de los nuestros, sino también para la obra de Dios. Pablo le escribió a Timoteo:

> «Porque nada hemos traído al mundo, así que nada podemos sacar de él» (1 Tim. 6:7).

Sin duda, esas palabras son un golpe fuerte de realidad. No hay un solo recurso personal que pueda atravesar la muerte. No hay nada, por más que nos esforcemos en nuestro trabajo, por más que acumulemos en nuestras casas o en cuentas de bancos, que podamos sacar de este mundo. Por el contrario, Dios puso en nuestras manos los bienes que tenemos para administrarlos porque nosotras le pertenecemos a Dios y todo lo que tenemos le pertenece a Él.

Entiendo que, sin conocer a Dios, sin haber tenido un encuentro con Él que renueve nuestra vida y también nuestro entendimiento, es difícil no vivir en los afanes de este siglo, bajo el engaño de las riquezas y las codicias engañosas. Este mundo te incita constantemente a vivir para adquirir, trabajar para comprar y pensar que crecer es tener cada día más. Es muy difícil librarnos de la corriente que nos arrastra con su forma de pensar y de vivir. Estamos inmersas en una cultura y una sociedad donde las posesiones buscan poseernos para que vivamos para ellas en lugar de ser una posesión para nuestro uso.

Quizás puedas sentirte ajena a la reflexión que estamos haciendo porque no tienes mucho. Créeme, si nosotras esperamos tener mucho para compartir con generosidad, es posible que nunca lo tengamos; y si llegamos a tenerlo, quizás nunca lo soltemos. Si no estás dispuesta a participar con lo poco que puedas tener, no creo que vayas a estar dispuesta a participar si tienes mucho. Recuerda, no es un asunto de cantidad, sino de la actitud de un corazón lleno de gratitud a nuestro Dios. De seguro estas mujeres llegaron a escuchar a Jesús cuando fue muy enfático y claro al decir:

> «El que es fiel en lo muy poco, también en lo más es fiel; y el que en lo muy poco es injusto, también en lo más es injusto» (Luc. 16:10, RVR60).

La decisión correcta de las seguidoras de Jesús

Estas mujeres decidieron seguir por completo a Jesús, desearon convertirse en Sus discípulas, anhelaron escuchar Sus enseñanzas constantemente día tras día, acompañarlo a todos lados para ver todo lo que Él hace con tanto amor por otras personas comunes y corrientes como nosotras. Se dispusieron a verlo salvar, sanar, levantar y restaurar a otros. Buscaron conocer a otros discípulos, convivir con ellos y observar de cerca cómo Dios los va transformando a Su imagen. Se comprometieron a disfrutar de la presencia de Jesucristo todos los días. En fin, decidieron servirle.

Nosotras conocemos al Señor cuando vamos constantemente a Su Palabra y allí aprendemos que es lo que Él puede hacer en mí y en otras mujeres. Identificamos la necesidad que hay a nuestro alrededor y nos involucramos porque sabemos que la voluntad de Dios es que muchas otras conozcan al Dios grande y misericordioso, quien envió a Su Hijo para rescatarnos de nuestra vana manera de vivir (Juan 17:3; 1 Ped. 1:18). Al darnos cuenta de lo generoso que es Él y como queremos ser como Él al ser Sus hijas y discípulas, entonces nos comprometemos a ser generosas para participar de Su obra.

Las otras mujeres que seguían a Jesús

Nos hemos enfocado bastante en María Magdalena, pero ella no era la única mujer mencionada por Lucas. Otras dos mujeres más se mencionan en el pasaje por su nombre, aunque se nos dan poquísimos detalles sobre sus vidas, pero bastan para darnos una idea sobre ellas.

Tenemos a Juana, quien estaba casada con Chuza, intendente de Herodes. Es probable que tenía una posición acomodada dentro de la sociedad ya que su esposo era un administrador o muy probablemente un encargado de alguna área del gobierno herodiano. Se puede inferir que ella también fue sanada de alguna enfermedad física o algún padecimiento de origen espiritual. Al igual que María Magdalena, Juana también decidió seguir a Jesús y participar en la obra.

Es posible notar un gran cambio en Juana porque ahora se siente a gusto con la compañía de pescadores y cobradores de impuestos que siguen a Jesús. Definitivamente no eran del tipo de personas que eran parte de su círculo habitual de amistades. Recorrer largas distancias para ver y escuchar a Jesús era mejor que caminar en palacios. Participar con sus propios recursos para el sostenimiento de Jesús y Sus discípulos era mejor que utilizarlos, por ejemplo, en vestidos y joyas costosos solo para encajar en una sociedad que lo demandaba.

¡Qué paso tan grande de fe!
¡Qué hermosa decisión!

Se menciona a otra mujer, pero solo aparece su nombre y Lucas no ofrece ningún detalle más sobre su vida. Solo sabemos que se llamaba Susana y que había también muchas otras mujeres cuyos nombres e historias desconocemos. Sin embargo, podemos inferir de Susana y de las demás que el Señor Jesucristo las había tocado de alguna manera y ellas se dispusieron por gratitud a participar con Él de Su misión.

¿Que podríamos saber de ti? Quizás hay muchas cosas que podrían decirse de cada una de nosotras y de la obra que Jesucristo ha hecho en cada una de forma particular, pero con tan solo ser parte de Su misión de rescate, sin importar si ponen o no nuestro nombre, lo importante es que nuestro deseo sea seguir al Señor con toda nuestra vida y participar con lo que tengamos en Su obra.

Mujeres que gozan del poder de la resurrección

Algunas de estas mujeres vuelven a aparecer más adelante en el relato de los Evangelios. Por ejemplo, María Magdalena estuvo al pie la cruz, un lugar donde ninguno de los discípulos hombres estuvieron. Fue ella la que les informó a los discípulos dónde fue sepultado el Señor (Mar. 15:47). Ella y otras mujeres acompañaron a José de Arimatea y Nicodemo cuando le pidieron a Pilato el cuerpo de Jesús. Los cuatro Evangelios hablan de la presencia de estas mujeres valientes en ese momento tan dramático (Mat. 27:57-61; Mar. 15:42-47; Luc. 23:50-56; Juan 19:38-40).

Estas mujeres nunca dejaron de estar dispuestas a seguir adelante y honrar a su Señor, gastando sus recursos para llevar especies aromáticas y terminar así de preparar el cuerpo de Jesús en el sepulcro. No hay nadie además de ellas, nadie las acompaña, pero ellas terminarán siendo testigos de excepción del mayor milagro de todos: la victoria sobre la muerte en la resurrección de Jesucristo.

El poder de la resurrección puede transformarnos día tras día. María Magdalena vio al Cristo resucitado. Tú y yo también lo podemos ver actuando en nuestro corazón y transformando nuestras vidas porque ha prometido estar con nosotros todos los días. Las vidas de esas mujeres no fueron meramente reformadas, sino completamente transformadas porque, como dijo Pablo, «... como Cristo resucitó de los muertos por la gloria del Padre, así también nosotros andemos en vida nueva» (Rom. 6:4b, RVR60).

¿Has gozado de ese tipo de transformación?

Si estás en la batalla de quién te posee, si Cristo o tus posesiones, mi consejo es que dejes que Él haga el trabajo, ríndele tu vida a Jesús, pídele perdón por tus pecados y deja que el poder de Su resurrección actúe en ti y transforme tu vida. Si le perteneces y puedes reconocer la obra de gracia y poder que ha hecho en tu vida, entonces ahora participa de la predicación del evangelio, hónrale con tus recursos para Su gloria y honra. Sé como una de esas bellas mujeres que recibieron de Su poder sanador y redentor y se dispusieron a darlo todo por Jesús, caminaron con Él, proveyeron para Sus necesidades y vivieron totalmente transformadas para la gloria de Dios.

Catherine Scheraldi de Núñez

Catherine Scheraldi es la esposa del pastor Miguel Núñez y es doctora con especialidad en endocrinología. Catherine sirve en el ministerio de mujeres de su iglesia, Iglesia Bautista Internacional con el ministerio de mujeres y conduce un programa llamado: Mujer para la gloria de Dios en la radio Eternidad. Ella es una de las autoras del libro *El ministerio de mujeres*.

El toque de Dios que lo cambia todo

Mateo 9:20-22; Marcos 5:25-34; Lucas 8:43-48

Capítulo 10

Encuentro de Jesús con la mujer con el flujo de sangre

Si hay una característica de Jesús que está expuesta a lo largo de los Evangelios es Su amor. Esto no debería sorprendernos porque sabemos que Dios es amor (1 Jn. 4:7). Este amor no queda relegado a un grupo particular de personas con ciertos atributos particulares, sino que nuestro Señor nos demuestra que Su amor se extiende a todos sin distinción, incluyendo a las mujeres.

Aunque el mundo intenta representar al cristianismo como chauvinista masculino que menosprecia a las mujeres, aun un estudio superficial de la Palabra demuestra que una actitud de menosprecio hacia las mujeres nunca estuvo en la intención de Dios. Esa misma actitud la vemos en Jesucristo, la segunda persona de la Trinidad, quien se encarnó para mostrarnos al Padre (Heb. 1:3). Él vino al mundo y sacó a las mujeres de la penumbra de la sociedad para devolverlas a la posición para las cuales fueron creadas, para complementar a los hombres y para que cada una mostrara las virtudes de Dios mismo al ser creadas a imagen del Creador.

Las mujeres vivían postergadas durante los tiempos de Jesús. Por ejemplo, no podían hablar en público con los hombres ni mezclarse en las reuniones sociales porque eran consideradas como tentadoras sensuales. Ellas no recibían mucha educación, sus opiniones no eran tomadas en cuenta y tampoco eran apreciadas en la sociedad en general. Jesús vino y le dio un vuelco a toda esta cultura. Él no solamente ama a las mujeres, sino que siempre las ha tratado con amor, respeto y dignidad, al punto de que las vemos interactuando con Él en medio del desarrollo de Su plan redentor.

El drama de la mujer con flujo de sangre

Aunque las mujeres fueron oprimidas por generaciones, Jesús atravesó las barreras culturales, religiosas y políticas para tratarlas con inmenso respeto al ser portadoras de la imagen de Dios. Un ejemplo maravilloso de esta intención lo vemos durante la interacción que tuvo con la mujer que durante doce años había tenido una enfermedad que le producía sangrados. La carga física que esta mujer tenía era muy pesada porque más de una década sangrando seguramente le había producido una anemia severa que se caracterizaba por una profunda debilidad física. Sin embargo, es muy probable que su carga emocional fuera mayor porque, de acuerdo con las estipulaciones legales, religiosas y culturales, cuando la mujer sangraba era considerada inmunda (Lev. 15:19-22). Por lo tanto, esta mujer tenía que aislarse de todos porque cualquiera que la tocara era considerado también inmundo. Esto implica que tampoco podía participar en los servicios religiosos donde podría recibir el compañerismo y la ayuda de la familia de Dios. Y si esto no era suficiente, ella había ido a muchos médicos y nadie había podido curarla; de hecho, seguía empeorando y ya había gastado todos los recursos que tenía. Además de su enfermedad, ahora también estaba en una posición precaria, estaba sola, no podía trabajar, no podía acercarse a nadie para que la ayudara y era muy seguro que nadie quería tenerla cerca por el estigma que su enfermedad traía consigo.

Esta mujer estaba viviendo una situación imposible desde el punto de vista humano. Sin embargo, estas circunstancias imposibles y dramáticas son precisamente las que usa el Dios de lo imposible para hacer Sus mejores obras. Aunque Él siempre está obrando en nuestras vidas, muchas veces no reconocemos Su intervención amorosa en las cosas cotidianas, pero en ocasiones como las que vivía esta mujer, el poder de Su obrar se hace tan evidente que es como si Él abriera una ventana para que podamos ver una manifestación delicada de Su poder.

El encuentro con Jesús que lo cambió todo

Jesús estaba caminando en la tierra de los gadarenos, cuando, de repente, un hombre endemoniado poseído por una enorme cantidad de espíritus inmundos se sintió confrontado simplemente por la presencia de Jesús y le imploró que no los enviara al abismo. Él los mandó a entrar en una manada de muchos cerdos que se precipitó por un despeñadero al lago y se ahogaron. La reacción del pueblo fue de temor y le rogaron que se aleje de ellos. Jesús cruzó al otro lado del lago en una barca y fue recibido por una multitud. Aunque los gadarenos vieron el poder de Dios sobre el mundo demoníaco, prefirieron mantener su negocio porcino y sus ganancias por encima de la sanación compasiva de un lunático agresivo que atentaba contra sus vidas.

Jesús salió de esa región conforme a su pedido y al llegar a Capernaúm se encontró con una respuesta popular contraria a la de Gadara, porque la multitud lo recibió con gozo. Salió al encuentro de Jesús un oficial de la sinagoga que tenía a su única hija de doce años gravemente enferma. Él le rogaba que vaya a su casa para sanar a su hija. Este hombre demostró tener suficiente fe como para ir donde el Maestro, a pesar de que Sus cercanos no solo no creían en Él, sino que lo menospreciaban. Dado que era un oficial de la sinagoga, el centro de la vida espiritual y social en una comunidad judía, él tuvo que considerar las consecuencias de ir por ayuda donde Jesús, pero se arriesgó en su desesperación por recuperar la salud de su hija.

Jesús fue con él y, mientras iban por el camino, la mujer que había estado sangrando por doce años, se le acercó por detrás y tocó Su manto. Ella estaba tan desesperada que, aunque haría inmundo a todos los que la tocaran al acercarse al Maestro, igual se atrevió a caminar entre la multitud porque creyó que se podría curar sin tan solo tocara el manto de Jesús. Aunque su fe era débil y hasta un tanto supersticiosa al creer que el poder se podría transmitir a través del manto, lo cierto es que el flujo de sangre se detuvo instantáneamente y Dios le hizo sentir que estaba curada.

Podría especular que su intención era salir escondida antes de que su atrevimiento fuera descubierto, sin embargo, Jesús no la dejó pasar inadvertida y preguntó en voz alta quién lo había tocado. La pregunta parecía tonta para aquellos que estaban alrededor porque la multitud era tan grande que todo el mundo estaba apretujado y oprimiéndole, pero el Dios omnisciente sabía exactamente todo lo que pasaba. Jesús insistía y miraba alrededor, entonces, la mujer, temblando de temor, y sabiendo que podría morir por su atrevimiento, se postró delante de Él y le dijo toda la verdad. Aunque su fe era débil y temerosa, ella tuvo el coraje de admitir y confesar lo que había hecho. Su fe fue poca, pero fue colocada delante de un Dios poderoso.

Jesús no la miró para condenarla como ella hubiera supuesto, sino que la llamó «hija» y le dijo «tu fe te ha sanado [...] vete en paz y queda sana de tu aflicción» (Mar. 5:34). Solamente podemos especular lo que ella sintió al escucharlo llamarla «hija», pero lo que sí sabemos es que esta es la primera mujer a la que Jesús llama hija. Jesús diría después delante de otra multitud que Su familia estaba conformada por aquellos que hicieron la voluntad de Su Padre (Mat. 12:50). Podría decir que aquí se evidencia que ella obedeció el impulso del Espíritu Santo y entró en la familia de Dios.

Jesús pidió que la mujer se identificara y diera testimonio porque tenía un propósito. En primer lugar, lo hizo para reafirmar su fe en Él y que confesara con su boca lo que el Señor había hecho para glorificarle. En segundo lugar, Él quería que ella se diera cuenta de que no fue Su manto, sino que fue Jesús mismo quien la sanó. El poder salió de Él y nunca fue producto de una superstición o algo externo. En tercer lugar, Jesús quería que ella oyera Sus palabras de consuelo y seguridad porque Dios nunca desprecia un corazón contrito y humillado (Sal. 51:17).

Esta mujer, cuyo nombre es desconocido para nosotros, pero no para el Señor, experimentó de primera mano el amor del Dios *El Roi*, «el Dios que ve», en el idioma hebreo. Él quería que ella supiera que ya no era una mujer anónima e inmunda, sino una hija amada de Dios y coheredera con Cristo, porque todo aquel que invoca el nombre del Señor será salvo (Rom. 10:13). Ella obtuvo sanación física y espiritual por fe en el Único que puede salvar. Lo que ella obtuvo del Señor Jesucristo no fue simplemente la erradicación de su enfermedad, sino la recepción del «Shalom», la plenitud de vida, mientras Jesús le mostró el amor que tenía por ella. Ella ya no era una «señora Nadie Inmunda», sino una hija amada conocida por su Padre celestial. Imagínense cómo ella se había sentido por tantos años. Era una mujer rechazada por todos, que vivía aislada sin sentir un solo toque físico o un abrazo durante doce años. Había perdido todos sus recursos, toda su esperanza, su dignidad y autoestima, pero ahora ya no era inmunda, sino amada, sanada y formaba parte de la gran familia de Dios. Ya no tenía que mantenerse aislada de la sociedad y además era conocida por el pueblo porque dio testimonio público de que era sana por el poder de Dios. Ella experimentó, como cualquiera que viene a Cristo, el toque de Dios que lo cambia todo.

La hija de Jairo y la demostración del poder sobre la muerte

Jesús emprende de nuevo el camino hacia la casa de Jairo, pero alguien llega desde la casa con la noticia que ningún padre quisiera oír jamás: «Tu hija ha muerto; no molestes más al Maestro» (Luc. 8:49). Cristo no se queda en silencio y se dirige a Jairo con palabras esperanzadoras: «No temas; cree solamente, y ella será sanada» (v. 50). Jairo confió en las palabras de Jesús y siguió camino a su casa. Jesús no permitió que este acto sanador se convierta en un espectáculo público, entró solo con tres de Sus discípulos, consoló a los padres y a los presentes que lloraban y manifestó nuevamente Su poder y compasión al resucitar a la hija de Jairo.

La mujer que sufría del flujo de sangre tenía una multitud alrededor, pero el milagro de sanación física fue evidente solamente para ella; sin embargo, su sanación espiritual fue evidente a todos. En el caso de la hija de Jairo, el milagro físico fue evidenciado solo por aquellos a quienes el Señor les permitió estar con Él. Aunque el llamado de Dios es oído por todos, no todos son llamados y, por ende, no todos responden. El llamado de cada uno es individual y exclusivo y depende exclusivamente del Dios soberano, quien decide a quién tocar.

Jesús demostró Su poder y amor sobre las tinieblas con un endemoniado, sobre las enfermedades con la mujer sangrando y sobre la muerte con esta niña.

El poder sanador de Jesús no hace acepción de personas

Estas tres personas son muy diferentes. El endemoniado que vivía en las áreas de los sepulcros era temido y rechazado por el pueblo; la mujer lo había gastado todo y también era rechazada por el pueblo; la hija de Jairo, protegida y amada por su familia, siendo todavía muy joven era consumida por una enfermedad que la llevó a la muerte. Jairo era un hombre público, un oficial importante de la sinagoga, mientras que la mujer y el endemoniado eran anónimos. No sabemos cuántos años sufrió el hombre la posesión demoníaca, sin embargo, sabemos que la mujer tuvo doce años de sufrimiento, mientras la hija de Jairo y su familia vivieron doce años de felicidad que se vio interrumpida por la enfermedad de su hija. Jairo era conocido, respetado, pero no tenía lo que se requería para salvar a su hija. El endemoniado y la mujer eran despreciados por la sociedad y tampoco contaban con los medios para liberarse o sanarse por ellos mismos. Lo que sí tenían los tres en común era que sus males y sus circunstancias estaban más allá de una solución humana, pero los tres tuvieron un encuentro con Aquel que lo cambia todo.

Podría decir que Jairo y la mujer anónima en medio de sus diferencias sí tenían algo en común: ellos creyeron que Jesús era capaz de hacer lo imposible y los dos se atrevieron a hacer lo que no era aceptable, se humillaron y fueron a Jesús, el único que realmente podía ayudarlos. Ellos aprendieron algo que todos necesitamos aprender: Jesús es el único que tiene la respuesta a nuestros problemas, aun de aquellos que parecen no ser tan difíciles. El Dios omnisciente, Aquel que conoce el pasado, presente y futuro, Aquel que sabe lo que está en el corazón de cada persona es el único que no comete errores y es el único en el cual podemos confiar. Tanto Jairo como la mujer son ejemplos para nosotras de lo que debemos hacer cuando no sabemos qué hacer… ¡ir a Jesús!

También observamos en la experiencia de Jairo y la mujer con flujo de sangre que siempre hay riesgos cuando tomamos la decisión de obedecer a Dios. Sin embargo, nunca experimentaremos lo que Dios puede hacer, incluyendo los milagros, a menos que nos sometamos por completo a Él y le obedezcamos. Ellos experimentaron la presencia de Jesús no solo físicamente, sino también espiritualmente y cuando nosotros nos sometemos y le obedecemos, entonces Él también se manifiesta en nuestras vidas (Juan 14:21).

Cada uno tuvo que obedecer la guía sobrenatural del Espíritu Santo, aunque nadie más estuviera de acuerdo. No importa si la cultura, las leyes y aun los lideres religiosos estén en contra de lo que Dios dice, debemos poner nuestra prioridad en la voz del Señor. Por eso es necesario estudiar bien y meditar las Escrituras, combinando nuestra reflexión de las Escrituras con oración constante. Estos dos elementos son tan vitales en la vida de todo creyente. Solamente Dios conoce el camino correcto. Jairo podía perder su posición en la sinagoga por lo que hizo. La mujer corría el riesgo de ser apedreada al exponer su inmundicia a todos a su alrededor, pero ellos obedecieron al Señor y recibieron las respuestas a sus oraciones. Cuando nuestro deleite está en el Señor, cuando nuestros deseos son los de Dios, recibiremos nuestras peticiones (Sal. 37:4). Cada una de nosotras debe responder la siguiente pregunta: ¿Seguiremos a nuestros temores, los caminos del mundo o los caminos de Dios?

El pecado de una persona tiende a infectar a los que están a su alrededor. Esa es la razón por la que el Señor nos manda a no unirnos en yugo desigual (2 Cor. 6:14). Cuando nuestros hermanos pecan debemos reprenderlos en amor para que vuelvan al redil. Si no escuchan, entonces debemos apartarlos de nosotros, porque un poco de levadura fermenta toda la masa (Mat. 18; Gál. 5:9). Esta realidad nos permite entender por qué Dios mandó a los judíos a apartarse de los inmundos como una analogía del peligro del pecado. Sin embargo, Dios es diferente porque la mujer inmunda tocó a Jesús, pero ella no podía transferir su inmundicia a Él, sino que Él le transfirió Su santidad. Esto es precisamente lo que Él hace por cada una de nosotras (2 Cor. 5:21). Alcanzamos sabiduría cuando nos sometemos, le obedecemos y tomamos en cuenta lo que Él quiere hacer y hace en nuestro caminar diario.

La gran misericordia de Dios para nosotras

Este pasaje de los Evangelios me enseña que es evidente que para el Señor no importa cuán inmundas seamos. Podemos estar tan esclavizados como el endemoniado que vivía totalmente en las tinieblas, pero aún desde ese abismo Jesús va en nuestra búsqueda, nos acepta, ama, libera y nos transforma para Su gloria. Él no hace acepción de personas, porque todos hemos pecado y nadie por sí mismo podrá alcanzar la gloria de Dios (Hech. 10:34; Rom. 3:23). Sin embargo, Su amor infinito es para mujeres y hombres que se rinden ante Él y transforma sus vidas sin importar cuán perdidos se encuentren. Cristo, como Creador de todo, tiene potestad sobre todo lo creado y todo fue creado con un propósito… ¡traerle la gloria que Él merece! (Col. 1:16-17).

Es importante al llegar al final de esta reflexión hacerles otra pregunta: ¿Nuestra reacción es como la del pueblo del endemoniado que desechó a Jesús porque sus acciones afectaron sus intereses o reaccionamos como el endemoniado y la mujer con el flujo de sangre que gozaron del toque de su Señor que cambió sus vidas?

«Jesucristo es el mismo ayer y hoy y por los siglos» (Heb. 13:8), y Él sigue llamando a los suyos sin importar dónde estén. Sus caminos y pensamientos no son los nuestros (Isa. 55:8) y nunca podremos ajustar a Jesús a nuestra vida, sino que, sin importar lo que la sociedad o la cultura impongan, siempre deberemos ajustar nuestros deseos, anhelos y vidas a Él. La decisión es nuestra, ¿decidiremos seguirlo y obedecerle, o alejarnos para vivir como nosotras queramos y seguir viviendo en esclavitud, oscuridad, enfermedad o muerte? La respuesta tiene consecuencias eternas, ¿viviremos para la felicidad temporal o el gozo eterno?

Jesús vino para liberar a las mujeres de las costumbres pecaminosas del mundo. El pecado de Eva trajo consecuencias, pero Jesús vino para restaurar el plan original. Carolyn Custis James nos dice en su libro *El evangelio de Rut*: «La alta vocación de una mujer como portadora de la imagen de Dios la vuelve incapaz de la insignificancia, sin importar lo que haya salido mal en su vida o cuánto haya perdido»[1]. No es poca cosa representar a Dios en un mundo que vive en tinieblas, pero con el poder de la morada del Espíritu Santo en nuestras vidas se hace factible porque nuestro Dios lo hará a través de nosotras.

¡Él no solamente obró a través de las mujeres en la Biblia, sino también a través de nosotras! Sin embargo, para poder experimentar esta obra se requiere sometimiento y obediencia absolutos al Señor. ¿Estamos listas?

> ¡No hay nada que se compare con vivir una vida transformada por el poder compasivo de Dios que refleja a nuestro Señor!

1. Carolyn Custis James, *El Evangelio de Rut: Una mujer que marcó un hito en su tiempo con la bendición de Dios* (Miami, FL: Editorial Vida, 2013), pág. 70.

Clara Bastidas

Clara Bastidas es venezolana, abogada y máster en Derechos Humanos del King's College en Londres. Entre 2008 y 2018 trabajó para diversas agencias de la ONU. Actualmente, es misionera en Quebec, Canadá, junto con su esposo José David y su hijo Gabriel. También comparte sobre el amor de Jesús y enseña sobre la Biblia en YouTube e Instagram.

Jesús nos encuentra y nos muestra lo que es mejor para nosotras

Lucas 10:38-42

Capítulo 11

Encuentro de Jesús con Marta y María

El pan está en el horno. Acabas de terminar de sacudir el polvo de cada mueble y limpiar la entrada de la casa. Los odres con el vino están listos para servir. El aroma de las flores se siente por toda la casa. Tu aspecto es decente (bueno, al menos si consideras que llevas horas preparando tu hogar para recibirlo). Te sientes cansada, pero tan emocionada por esa visita especial que está por llegar. Todo debe estar perfecto, no se te puede escapar ni un solo detalle. ¡Jesús viene a nuestra casa!

El Maestro llega y verlo en casa te llena de gran alegría; qué gran honor que los visite. Pero… oh, oh. Los discípulos que lo acompañan son más de los que tenías en mente. Tendrás que preparar más comida de la que habías anticipado y asegurarte de que haya un lugar cómodo para todos. Sientes cómo tu corazón comienza a latir más fuerte. Conoces bien esa sensación de estrés y ansiedad. ¡Hay tanto por hacer y tan pocas manos para ayudar! Esperas que tu hermana María se disponga a ayudar con lo necesario, pero ¿dónde está cuando más la necesitas?

De nuevo, todo debe salir perfecto. Jesús comienza a hablar (¡qué honor tan grande que lo haga en nuestra casa!), mientras vuelves a contar los sitios dispuestos en el patio, los vasos y ¡ah!, deberás traer más cosas de la cocina.

El Maestro comenzó a enseñar; lo escuchas a lo lejos mientras vas de un lado al otro en la casa; ¡qué palabras tan sabias; son cosas que nunca habías escuchado! Pero no puedes prestar mucha atención porque te das cuenta de que no hay suficiente pan para todos. Vamos de nuevo a la cocina. El panorama no es alentador porque un frasco de miel ha caído al piso y hubo que poner más pan en el horno porque el que habías preparado no era suficiente. Los latidos de tu corazón se aceleran y sientes que tu temperatura se incrementa mientras limpias el pequeño desastre que dejó el frasco de miel en el piso. *«¡María!»* exclamas para tus adentros… *«¿dónde está cuando la necesito?»*. Sales al salón y la ves muy tranquila y relajada, sentada a los pies de Jesús y disfrutando concentrada de Sus enseñanzas mientras tú llevas todo el peso de la recepción, ¿acaso María piensa que las cosas se harán solas? ¡Qué frescura de su parte dejarte sola con todo el trabajo!

Cuando Jesús hace una pausa, el enojo por la injusticia de tener todo el peso como anfitriona y una hermana menor que, aparentemente, piensa que todo se hará solo, te impulsan a acercarte al Maestro sin pensarlo mucho y contarle lo que está pasando. Seguramente Él, que es tan bueno y justo, sabrá reconocer todo tu esfuerzo y reprender a María por su pereza. «Señor», le dices para llamar Su atención, «¿No te importa que mi hermana me deje servir sola? Dile, pues, que me ayude» (v. 40).

Jesús te mira fijamente, pero de forma calmada y, en el tono que usaría un hermano mayor que te ama pero que necesita reprenderte, te invita a que te sientes a Sus pies, tal como lo ha hecho María. Con palabras amorosas y firmes, te hace ver que has decidido enfocarte en el trabajo por encima de disfrutar Su visita y Su presencia en tu casa. Él te recuerda que nunca te pidió tener una casa perfecta ni una cena digna de un palacio; Él solo vino a compartir con Sus amigos amados, entre los cuales estás tú. Termina diciéndote que, lejos de reprender a María, ¡lo que deberías hacer es elegir lo que ella ha elegido! Porque más importante que ser una buena anfitriona es atesorar lo único que este mundo no puede quitarnos: a Él (ver vv. 41-42).

He intentado recrear un poco esta interacción tan breve pero tan relevante para que, de alguna manera, podamos identificarnos, si no con todas, al menos con alguna de las emociones que llevaron a Marta a hacerle tal demanda a nuestro Señor Jesús. Desde varios puntos de vista, este encuentro es una de las tantas evidencias de que Jesús desafió –siempre con el propósito de revelarnos la verdad y llevarnos a sí mismo– muchas de las expectativas que el mundo a Su alrededor tenía de Él y de la forma en que debíamos relacionarnos con Él. Veamos a continuación algunas lecciones de este pasaje en cuanto a la forma en que el Señor espera que vivamos y nos relacionemos con Él.

Un trato inusual

No podemos continuar en nuestra búsqueda de entendimiento de la trascendencia de este encuentro y su significado para nosotros hoy, sin antes detenernos en lo que significó y comunicaba una conversación de este tipo para el mundo de ese tiempo.

No era algo común en la sociedad y la cultura del tiempo de Jesús que un rabino judío o un líder religioso recibiera la hospitalidad de una mujer, al menos no de esta forma.[1] La hospitalidad provista por Marta y sus hermanos (suponemos que también incluía a Lázaro, aunque no se menciona en esta historia) parece familiar y cercana, tanto que María disfrutaba de las enseñanzas impartidas a los pies de Jesús.

Nuestro Señor, en Su humanidad perfecta, no fue un rebelde sin causa, ni tampoco un alterador del orden público o las normas sociales judías de Su tiempo. De hecho, Él cumplía con los usos y costumbres típicos de Su pueblo y, tal como dejó en claro, no vino a abolir la ley de Moisés, sino, más bien, vino a cumplirla (Mat. 5:17-19). También dejó evidencia de Su extenso conocimiento de la ley y nunca hizo llamados a la insurrección religiosa o social. Resalto estos hechos porque, cuando observamos a Jesús desafiar, de alguna manera, las reglas sociales, culturales y religiosas de Su entorno, encontramos un claro propósito para ese tipo de acciones.

Los historiadores han concordado en que la posición de la mujer en tiempos de Cristo se definía, en primer lugar, con base en la diferenciación de géneros y el lugar social que ese hecho biológico les hacía ocupar a cada uno (el hombre como patriarca; la mujer sometida al liderazgo masculino). Por otra parte, la expectativa de comportamiento de una

---

1. *Dignas*, Eric Schumacher y Elyse Fitzpatrick, pág. 179 citando a Thabiti Anyabwile en *Christ-centered Exposition Commentary: Exalting Jesus in Luke* (Nashville, TN: B&H Español, 2023), pág. 184.

mujer y su interacción con el hombre podía entenderse dentro de la visión honor/deshonor-vergüenza:

> «Se tiene "honor" si uno se comporta como se espera de él y de su estatus, y según las normas usuales que reconoce el grupo social al que pertenece. Se padece deshonor y vergüenza cuando alguien no se comporta según lo que su sexo y estatus social hacen esperar de él. [...] el varón debe actuar positivamente para conseguir y retener, mientras que la mujer tiene una postura más bien pasiva: debe salvaguardar su honor, que le es concedido por la sociedad, en especial por su familia: el padre, el marido o los hijos. Si no se actúa correctamente, tanto el varón como la mujer caen en el deshonor o la vergüenza».[2]

Las interacciones de Jesús tanto con Marta como con María contrariaban las normas aceptables del comportamiento y el lugar de la mujer en ese tiempo. Algo que quizá no nos llama la atención a primera vista como lectores en el siglo XXI, es la implicación de que María estuviese a los pies de Jesús. Tradicionalmente, las mujeres tenían un lugar distinto al del hombre, literalmente hablando. N.T. Wright destaca lo inusual de que María estuviese a los pies del Señor, arriesgando su honor:

> «... dentro del área de la casa destinada para los hombres, en vez de estar en las habitaciones posteriores con el resto de las mujeres. Esto, es probablemente lo que más molestó a Marta: que María había roto una de las convenciones sociales más básicas [...], tenemos nuestras propias reglas claras, pero no declaradas acerca de quién es cuál espacio; y Jesús declara que ella tiene razón al hacerlo. Ella está "sentada a Sus pies"; una frase que no significa lo que significaría hoy, el estudiante adorador mirando con admiración y amor al

2. Antonio Piñero. *Jesús y las mujeres*, (Aravaca, Madrid: Editorial Trotta, 2008), pág. 26.

> maravilloso maestro. Sentarse a los pies del maestro es una forma de decir que estás siendo un estudiante, recogiendo la sabiduría y el aprendizaje del maestro».[3]

Ahora podemos entender lo que representaba para María encontrarse aprendiendo directamente del Señor. Jesús responde y no solo rechaza la posibilidad de llamar la atención a María por su comportamiento, sino que le otorga el derecho de estar a Sus pies. Además, señala que su decisión particular de atesorar Su presencia y enseñanzas tiene impacto eterno.

Esta respuesta no es aislada a Sus enseñanzas porque, en realidad, se trata de una manifestación más de lo que el Señor enseñaría de forma consistente a través de Sus interacciones con las mujeres. Contrario a lo que se esperaba de acuerdo con el contexto social específico en el que se encontraban, la mujer tiene un valor que se equipara al del hombre, que trasciende el cumplimiento de sus roles y que emana de haber sido creada a imagen y semejanza de Dios. Del mismo modo, Jesús está comunicando una verdad para todas las mujeres:

> *Lo que le interesa en nosotras no es que cumplamos con los deberes y expectativas que la cultura impone. A Jesús le interesa una relación tan cercana con nosotras que nos permita encontrar, en Él, lo mejor de nuestra vida, que jamás nos será quitado.*

---

3. *Women's Service in the Church: The Biblical Basis.* Conferencia *Hombres, mujeres y la iglesia* en St John's College, Durham, Reino Unido, septiembre 2004 por el Obispo de Durham, Dr. N. T. Wright.

Detenernos en Cristo en un mundo de actividad

Es inevitable identificarse con Marta en el mundo de hoy. Todo a nuestro alrededor nos demanda *hacer*: nuestros hogares, nuestras familias, nuestros empleos y hasta nuestra iglesia. No importa cuánto podamos haberlo escuchado en la teoría, pareciera que, genuinamente, tenemos que hacer para poder ser. Debemos tener una casa limpia, organizada, estéticamente agradable, comida hecha lo más orgánica posible; de otro modo, seríamos consideradas como amas de casa perezosas o fallidas. Algunas tenemos que cumplir con las expectativas de nuestros padres, abuelos, tíos y demás familiares en cuanto a los estudios que debemos realizar, cuándo nos casaremos o el trabajo que tendremos; de otra manera, seremos una vergüenza o habremos quebrado las expectativas de nuestra familia.

Debemos ser las mejores trabajadoras destacadas en un mundo que necesita demostrar desesperadamente que «las mujeres sí podemos»; debemos ser las mejores madres que hagan todo según la tendencia de crianza más reciente, también debemos vernos de determinada manera físicamente (mientras menos se noten los años y el paso de la vida, mejor). Además, tenemos que ser excelentes amigas, hermanas, misioneras y servidoras en nuestra iglesia local, porque si no, ¡qué fallido nuestro testimonio como cristianas y cuánto decepcionaremos a otros! Aunado a todo esto, las redes sociales tienen un impacto en las expectativas y referencias que nos formamos sobre cómo debemos ser, comportarnos, vernos e influir a otros. No basta con ser la esposa, la trabajadora, la mamá o la hija que somos: tenemos que ser las que destacamos en todo lo que logramos. Nada menos que las mejores en todo.

Esta lista es tan extensa que no debiera sorprendernos que tantas de nosotras nos identifiquemos con una Marta afanada y turbada. ¡No es para menos! ¿Quién no estaría estresada y enojada en un mundo donde hacer menos que lo excelente nos clasifica literalmente como un fracaso? Si sentimos esa presión sobre nosotras y hasta nos exigimos esos mismos estándares, ¿quién tendría tiempo para sentarse como María a aprender a los pies de Jesús?

Sin embargo, el mensaje que Jesús nos presenta, que nos revela en Su Palabra, es uno que contrasta con esta urgencia por *hacer para ser*:

Él ya es suficiente y es todo en nosotras.

No necesitamos ni podemos hacer nada para merecernos el lugar más seguro de identidad y destino gozoso que tenemos gracias a Su obra. Permanecer en Él es un privilegio y tesoro que, aunque dará un fruto evidente, es una posición más de descanso que de actividad (ver Juan 15). No, no se trata de quedarnos dormidas en un sofá; es más bien el tipo de descanso que obtenemos al saber que todas las cosas están en Sus manos y bajo Su control, y que el Señor mismo va con nosotras y nos lleva a vivir nuestras vidas en coherencia con esa verdad. No necesitamos demostrar ni medirnos con base en una expectativa concreta impuesta por la sociedad o la cultura imperante, porque ya *somos* en Él y es con esa seguridad que caminamos en este mundo. Ninguno de nuestros fallos puede definir de forma diferente lo que Dios ya definió sobre nosotras.

Observar a María sentada a los pies de Jesús es tanto un momento histórico concreto que significaba mucho en su tiempo, como también una invitación a cada una de nosotras para que vivamos una vida disfrutando de Su presencia y Sus enseñanzas sentadas a Sus pies. Una vida en la que entendemos que priorizar el tiempo para escuchar Su voz y disfrutar nuestra unión con Él es como realmente hemos sido llamadas a vivir, aun en medio de todas nuestras ocupaciones. Un corazón enfocado en Él nos permite vivir una vida abundante, disfrutar de una paz que sobrepasa todo entendimiento y aun tener por sumo gozo cuando nos encontremos en medio de las muchas pruebas de la vida.

La cultura actual se deslumbra ante los logros, las capacidades aparentemente infinitas y el carácter polifacético de la mujer y nos empuja a vivir de esa manera. Sin embargo, nosotras no cedemos a esa tendencia y nos detenemos en la invitación que le hace Jesús a Marta al decirle que su hermana, al tener un corazón enfocado en Él, está escogiendo lo que es genuinamente mejor, algo que, además, nadie podrá quitarle nunca.

A Jesús siempre le importan nuestras circunstancias

Por muchos años me acerqué a este pasaje pensando que la moraleja era sencilla: tenía que hacer a un lado mis preocupaciones y mi estrés para sentarme a los pies de Jesús. Una fórmula simple pero inalcanzable. Sin embargo, como ya hemos visto, las circunstancias que rodeaban este encuentro son importantes porque nos dicen mucho más de los involucrados de lo que se observa a primera vista: en primer lugar, nos hablan de Jesús, Su compasión, amor y voluntad para con las mujeres en medio de sus realidades; en segundo lugar, nos muestran que tenemos un lugar dispuesto a Sus pies para disfrutar de Su presencia y aprender constantemente de Él. Esto va por encima de lo que podríamos considerar importante de nuestro día a día. En tercer lugar, nos animan a imitar la elección de María de permanecer a Sus pies. Pero también nos presentan un acercamiento a las circunstancias de Marta, sus expectativas, sus emociones y lo que significó la respuesta de Jesús para ella y su significado para nosotras hoy.

A veces he imaginado cómo se sentía vivir en ese mundo al mismo tiempo que Jesús, conocerlo y tener el privilegio de caminar junto a Él «en vivo». Concluyo que estaría deslumbrada por Su presencia, sabiduría y bondad, y que no haría más que adorarlo, postrándome ante Él. Pero la realidad es que, aun teniendo Su Palabra y pudiendo hablarle todos los días, no siempre dedico momentos para hacerlo. Aun mujeres como Marta, que lo seguían, creían en Él y lo amaban, se distraían con sus múltiples ocupaciones, aunque lo tuvieran, literalmente, en la sala de su casa.

Debido a nuestra naturaleza y a cómo funciona este mundo que no se detiene, es fácil para nosotras que la cotidianidad tome tanto espacio de nuestra mente y enfoque que, aun teniendo a Jesús en frente y siempre disponible para nosotras, lo ignoremos. Solemos solo hablar con Él para pedirle que nos ayude o que se fije en las injusticias cometidas en nuestra contra. En ocasiones lo hacemos más en un tono de demanda que de genuina humildad.

Jesús le hizo ver a Marta que su enojo era el resultado de que estaba afanada y turbada con muchas cosas que, en realidad, no eran las más importantes. Es muy posible que toda la ansiedad generada por todo el trabajo doméstico la dejaba exhausta (quizá, como yo, también te identificas con este sentimiento). Pero si tomamos las palabras que le dice a Jesús y las demandas que le hace, entenderemos que Marta tenía inquietudes aún más profundas que su estrés por lo que tenía que hacer.

Vemos a Marta luchar con un conflicto que quizás es familiar para muchas de nosotras: la idea de que todo nos cuesta más, que trabajamos más y que, aun así, otros, con menos esfuerzo, logran sacar una ventaja mayor de la vida. Esto despierta, especialmente frente a nuestra relación con Dios, el deseo de demandar lo que es nuestra idea de justicia delante de Él. «*¿Acaso no te das cuenta de todo lo que trabajo, de todo lo que me cuesta, Señor?*» es la pregunta que nosotras, como «Martas» le hemos hecho muchas veces a Dios. Quienes hemos luchado con esta actitud podemos confesar que nuestro corazón suele estar habituado a una comparación dañina y por eso pedimos esta supuesta justicia al Señor en relación con los demás. Nos sentimos en desventaja, sin reconocimiento y hasta nos irritamos por los logros ajenos. Yo conozco muy bien este sentimiento y también reconozco mi urgente necesidad de llevarlo al Señor para que Su presencia y enseñanzas me den el descanso y la posición segura en Él que mi alma necesita.

Marta no solo se acercó al Señor a comentarle lo exhausta que se encontraba o lo mucho que le costaba preparar todas las cosas para atenderlo bien. No, ella también se quejó con respecto a la aparente inacción de su hermana María y cuestionó si a Jesús realmente le importaba lo que estaba pasando. ¡Tenemos que reconocer el atrevimiento temerario de Marta! Al menos refleja la confianza que sentía con Jesús. Lo que presentó delante de Jesús demuestra que no había entendido completamente Su carácter. Muchas veces nos sentimos como Marta delante de Dios, lo cual puede ser algo bastante contradictorio. Decimos creer que Él es el Dios soberano del universo y de todo lo creado; sabemos que nos dio a Cristo para tener vida eterna y junto con Él una vida abundante y todas las cosas necesarias, pero, aun así, le hemos preguntado muchas veces: «*Señor, ¿acaso no te importa lo que vivo?*» o «*¿no te importa esta injusticia cometida en mi contra?*».

Esta historia de Jesús nos demuestra que a Él siempre le importa lo que vivimos y todo de nosotras. No deja de caminar con nosotras en los momentos difíciles, es el proveedor de los momentos de alegría y es Su gozo el que nos permite sonreír en los días oscuros. Él conoce nuestras luchas y tiene la victoria para cada una de ellas. Sin embargo, debemos reconocer que no siempre tenemos el entendimiento ni la perspectiva adecuados de las circunstancias. Marta parecía segura de su derecho a reclamar y hacerle ver a Jesús su gran esfuerzo y lo inapropiado de que María no la estuviera ayudando. Ella presentó su reclamo sobre la base de su entendimiento pecaminoso de la situación.

Al igual que nosotras, quizás Marta pensaba que eran sus esfuerzos lo mejor que le podía dar al Señor: encargarse de que todo estuviera perfecto, la diligencia al servirles, hacer de ese momento la velada que todos esperaban. Pero Jesús le recordó que no estaba tan interesado en sus esfuerzos, sino primeramente en la posición de su corazón. Él quería que Marta, al igual que su hermana, fuera capaz de valorar el tesoro de tenerlo presente en sus vidas y de guardar las enseñanzas liberadoras y vitales de Jesús en su corazón. Además, buscó que alejara su mirada de lo que su hermana estaba haciendo correcta o incorrectamente, que se deleitara en el tesoro de tener a Jesús y que dejara su sensación de injusticia a Sus pies.

Ese es nuestro llamado hoy. Que nuestros ojos estén tan fijos en Jesús que gustosamente podamos establecer las prioridades correctas en nuestras vidas conforme a Sus enseñanzas y hacer a un lado lo que creemos es nuestro derecho. El Señor nos llama a morir a nuestra necesidad de defender y buscar siempre lo nuestro y también a no vivir bajo la ansiedad de tener que satisfacer los patrones que la cultura y la sociedad nos imponen como mujeres. No se trata de una renuncia masoquista, que pise toda nuestra dignidad, que nos haga daño o nos lleve a vivir una vida monacal. Más bien, es, en primer lugar, prestar atención a las palabras de Jesús al recordarnos que un encuentro con Él nos cambia y que en Él tenemos, de verdad, todo lo necesario. Poder detenernos en nuestra búsqueda constante de logros, quehaceres y reconocimiento para sentarnos a Sus pies, ¡es un privilegio que Él nos regala!

Podemos, activamente, escoger la mejor parte, que es Cristo. Él mismo compró la libertad para que lo hiciéramos. No nos perdamos de una tarde a Sus pies por las ocupaciones de un mundo que pasará. Eso no nos deja inactivas, sino seguras de que separadas de Él nada podremos hacer y que, cuando estamos en comunión con Él y Su Palabra, el Señor mismo nos dará a conocer que hemos sido creadas en «Cristo Jesús para hacer buenas obras, las cuales Dios preparó de antemano para que anduviéramos en ellas» (Ef. 2:10). Ahora el «hacer» queda en un segundo lugar y supeditado a lo que ya «somos» en Cristo, quien permanece con nosotros todos los días de nuestras vidas y bajo cualquier circunstancia.

Karen Garza

Karen Garza es música, autora y maestra de la Biblia. Está casada con David González y juntos sirven en Iglesia Pasión en Monterrey, México. Además de colaborar en su iglesia, ella fundó Genuino, un ministerio dedicado a enseñar a las mujeres acerca de la Biblia. Conoce más en: www.genuinomujeres.com

No dejes de contemplar la salvación obtenida por Cristo en la cruz

Mateo 27:55-56

Capítulo 12

Las mujeres que permanecen a los pies de la cruz

La oscuridad cubrió de forma inesperada la tarde de ese día. Era el momento más terrible que el universo había presenciado jamás. Sobre el madero yacía el dolorido Salvador entregando Su último suspiro. Frente a la cruz, estaban ellas. Solo Juan se había quedado, los otros discípulos abandonaron a Jesús en Su peor momento, pero ellas no. Esas mujeres se mantuvieron fielmente aferradas a Su Salvador.

Qué escena tan difícil. Imagínate ser testigo del salvajismo humano y de la ira santa y justa de Dios derramada contra el Cordero perfecto. Estas mujeres no solo mostraron su fidelidad, sino también su fortaleza al permanecer al lado de Cristo a pesar de lo cruento del momento, del peligro y del dolor inmenso que pudieron estar sintiendo. Ellas desplegaron fortaleza, perseverancia y fe al mantenerse cerca de Jesucristo aun cuando los otros habían huido atemorizados. Mientras que todos abandonaban a Jesús, ¿Qué fue lo que mantuvo firmes a estas mujeres frente a la terrible escena de la cruz? ¿Será que ellas eran más valientes y fuertes que los doce discípulos? ¿Habrán tenido menos peligro de ser apresadas por el hecho de ser mujeres? ¿Será que amaban más a Jesús?

Aunque no debemos pasar por alto la realidad de la fidelidad, fortaleza y amor de estas mujeres, cuanto más he meditado en ese acontecimiento único y su participación, más convencida estoy de que la razón por la que ellas estaban presentes fue que Dios las sostuvo para estar al pie de la cruz. El que estas mujeres hayan permanecido fieles durante la crucifixión habla más del carácter de Cristo que del de ellas mismas. Su permanencia nos habla del corazón de estas mujeres hacia su Cristo, pero nos habla más fuertemente del corazón de Cristo por las mujeres.

Su permanencia nos habla del corazón de estas mujeres hacia su Cristo, pero nos habla más fuertemente del corazón de Cristo por las mujeres.

El corazón de Jesucristo por las mujeres

Pero ¿cuál es el corazón de Jesucristo por las mujeres? La respuesta a esta pregunta es sumamente importante. Una de las principales críticas al cristianismo es precisamente su supuesta postura negativa hacia las mujeres. Se han levantado muchas voces en estos días señalando al cristianismo como un mal para la sociedad debido a su presunta opresión hacia las mujeres durante siglos. Aunque es verdad que en muchas ocasiones los autoproclamados cristianos hemos representado mal a Cristo en este mundo, sin duda los críticos desconocen el corazón de Cristo revelado en Su vida, enseñanzas, ministerio y finalmente en Su crucifixión.

A pesar de que se vivía una profunda desigualdad entre el hombre y la mujer en Su tiempo, Jesús decide honrar a las mujeres a lo largo de toda Su vida y más específicamente durante Su ministerio. Él demuestra una y otra vez que para Él no eran menos importantes que Sus discípulos varones o que el resto de los hombres que lo seguían.

La Biblia nos dice que muchas mujeres habían seguido a Jesús desde Galilea para servirle y que permanecieron cerca de Él hasta la misma crucifixión (Mat. 27:55). Entre ellas estaban María Magdalena, María la madre de Jacobo y de José y la madre de los hijos de Zebedeo. Me llama mucho la atención que Mateo nos revele la identidad de por lo menos tres de estas mujeres. Mateo estaba hablando de personas reales, mujeres como tú y como yo, con historias, dolores, deseos, alegrías, pasado, presente y futuro. Jesús no las veía como un número más en la muchedumbre que testificaba Su crucifixión. Él las conocía, las amaba y había establecido una relación personal con cada una de ellas.

Una breve descripción de estas mujeres

Los Evangelios nos narran algunos de los momentos que vivieron estas mujeres con Jesús. María Magdalena es mencionada por primera vez en el Evangelio de Lucas, donde se la identifica como una mujer de la cual Jesús había expulsado siete demonios (8:2). Ella fue liberada de una opresión espiritual muy profunda y se nos dice que desde el mismo momento de su liberación decidió seguir y servir a Jesús.

María, la madre de Jacobo y José es también la madre de Jesús. Ella tuvo un papel principal en la vida de Cristo. A ella se le anunció que sería la madre del Verbo encarnado (Luc. 1:26-38), lo dio a luz en Belén (Luc. 2:1-7, Mat. 1:18-25), junto a José lo presentaron en el templo y recibieron profecía por parte de Simeón y Ana (Luc. 2:22-38) y se mantuvo presente en eventos clave de la vida de Jesús, como las bodas de Caná (Juan 2:1-11), actividades ministeriales (Mat. 12:46-50), y finalmente durante Su crucifixión y resurrección. María reconoció que Jesús era más que su hijo, era su Señor y Salvador y vivió guardando la fe en Jesús a lo largo de su vida.

La Biblia también menciona en otra ocasión a la madre de los hijos de Zebedeo. Su nombre no es mencionado directamente, pero se la identifica como la madre de Jacobo y Juan, dos de los apóstoles y amigos cercanos de Jesús. Los Evangelios de Mateo y Marcos nos relatan una ocasión en donde, junto con sus hijos, se acercó a Jesús y le hizo una petición bastante ambiciosa (Mat. 20:20-28, Mar. 10:35-37). Ella se postró ante Jesús y le pidió que sus dos hijos se sentaran, uno a su derecha y otro a su izquierda, en Su reino. Ella buscaba un lugar prominente para sus hijos en el reino de Jesús, pero Jesús termina enseñándoles sobre los principios del servicio y la humildad de Su reino. La siguiente ocasión en donde es mencionada es evidente que aprendió la lección porque se la menciona sirviendo a Cristo y manteniéndose presente y fiel durante la crucifixión.

Estas mujeres que permanecieron frente a la cruz no eran advenedizas ni espectadoras de un evento macabro, sino que tenían historias con Jesús. Él tampoco era un desconocido para ellas porque se relacionó con ellas amorosamente. Ellas también eran Sus discípulas porque escucharon Sus enseñanzas y fueron testigos de Sus milagros, cuidado y también de la creciente oposición que se estaba levantando contra Él. Jesús hizo a estas mujeres recipientes de Su amor, perdón, compañía, consuelo, libertad y salvación, pero ahora ellas se encontraban frente a Él crucificado.

Visualiza a María Magdalena presenciando el costo de su libertad y la muestra de amor más grande que haya experimentado jamás, a María la madre de Jesús con su alma traspasada como por una espada, contemplando cómo el niño que tuvo en sus brazos es el hombre que se ofrece como el sacrificio que redimiría su alma, y a la madre de los hijos de Zebedeo observando que la enseñanza que Jesús le dio sobre el servicio la encarna Él mismo al convertirse en siervo de todos por amor. Sin duda sus corazones se dolían, pero estoy convencida de que también ardían en asombro, honor y amor por Jesús.

Si bien no podemos saber el alcance total de su comprensión del cumplimiento del plan divino al momento de la crucifixión, la devoción, el amor y la fidelidad mostrados por estas mujeres reflejan su profunda conexión con Jesús. Ellas se sabían amadas por Él y amaban profundamente al Señor.

La autora Dorothy Sayers, amiga de C. S. Lewis, escribió lo siguiente:

> «Quizás no es de extrañar que las mujeres fueran las primeras en la cuna y las últimas en la cruz. Nunca habían conocido a un hombre como este Hombre, nunca

ha habido otro así. Un profeta y maestro que nunca las regañaba, nunca las halagaba, engatusaba ni las trataba con condescendencia; quien nunca hizo bromas maliciosas sobre ellas, tampoco las trató como "¡Las mujeres, Dios nos ayude!" o "¡A las damas, que Dios las bendiga!"; que reprendía sin quejarse y alababa sin condescendencia; que tomaba en serio sus preguntas y argumentos; que nunca les trazaba su esfera, nunca les instaba a ser femeninas ni se burlaba de ellas por serlo; que no tenía hacha que afilar ni dignidad masculina inquieta que defender; que las tomó tal como las encontró y fue completamente desinteresado».[1]

Jesús realmente fue un hombre como ningún otro y estas mujeres lo confirmaron. Ellas experimentaron la dulzura de Cristo y ese amor les dio la fuerza para perseverar en el momento amargo. No hay duda de que Jesús amó a estas mujeres y fue en ese acto sacrificial que pasaba delante de sus ojos en donde ese amor redentor quedó en plena evidencia. Jesús las amó tanto que pagó el precio de su redención mediante Su vida, muerte y resurrección. Con razón estas mujeres lo amaban. Él las amó primero.

Me gozo en reiterar que no fue un accidente que ellas estuvieran al pie de la cruz. Dios las había elegido desde antes de la fundación del mundo. Estas mujeres fueron fortalecidas por el Señor para permanecer frente a la cruz y presenciar el momento más brutal, pero, a la vez, más hermoso de la historia. ¿Te das cuenta? Ellas estaban en ese lugar porque Dios las quería allí. Él permitió cada una de las circunstancias y encuentros con Jesús con el fin de fortalecerlas para que pudieran llegar fieles a este momento. Ellas fueron testigos de la crucifixión por la voluntad de Dios y, no solo eso, sino también benefactoras de las

1. Dorothy Sayers. "The Human-Not-Quite-Human," (1946). Reimpreso en Dorothy L. Sayers, *Are Women human?* (Downers Grove, IL: InterVaristy, 1975), pág. 46.

bendiciones de la obra que Jesucristo estaba cumpliendo delante de sus ojos.

Jesús vino a morir por María Magdalena, María la madre de Jacobo y José, la madre de los hijos de Zebedeo y el resto de las mujeres que estaban al pie de la cruz. Él llevaba toda la condenación contra ellas, clavaba en el madero la gran lista de sus transgresiones y llevaba sobre sí mismo todos sus dolores. Este grupo de mujeres fue testigo del más grande evento de toda la historia humana que daba testimonio del amoroso corazón de Jesús por nosotras.

Dios orquestó de forma soberana todo para que estas mujeres estuvieran en ese momento para ser testigos de la obra redentora, sí, por ellas, pero también para anunciar al resto de la humanidad el deseo de Dios de salvar a las mujeres. El hecho de que la gracia haya asistido a estas discípulas para permanecer al pie de la cruz nos enseña que la gracia también seguirá asistiendo, capacitando y salvando a un cuerpo formado por mujeres de distintas épocas, etnias, edades y trasfondos.

A diferencia de lo que se cree erróneamente sobre el corazón de Dios por las mujeres, el Cristo crucificado sangraba por ellas y por todas las mujeres que, por obra del Espíritu Santo, pondrían su fe en Él, demostrando así Su corazón compasivo y lleno de gracia hacia las mujeres. La vida y la muerte de Jesús anuncia Su deseo de salvar a Su pueblo compuesto por hombres y mujeres. Nos muestra que, ante Él, tanto hombres como mujeres somos iguales en valor. Para estar convencidos tan solo es necesario mirar la cruz de Cristo como la paga por la redención de ambos sin distinción. Dios no pagó más por los hombres que por las mujeres, Él pagó el mismo precio por ambos. Él dignificó a la mujer en la cruz al hacerla receptora de la redención y partícipe de Sus planes como Rey del universo. El hecho de que estas mujeres fueran alcanzadas por la gracia salvadora del Señor nos habla del deseo de Dios por tener una relación eterna con nosotras. Jesús murió en la cruz para salvarnos y nos salvó para gozar de Su amistad por toda la eternidad.

Las mujeres presentes en la crucifixión nos recuerdan que este siempre fue el plan de Dios. Desde Génesis se nos revela el deseo de Dios de vivir junto a hombres y mujeres para siempre, pero el pecado rompió la armonía entre Dios y los seres humanos y entre ellos. Adán y Eva fueron expulsados del Edén y desde ese mismo momento la sociedad infectada por el pecado estableció la desigualdad en valor y dignidad entre géneros. Sin embargo, los Evangelios nos apuntan a la cúspide de Cristo en Su ministerio en la cruz, donde nos vuelve a anunciar Su voluntad por conformar un pueblo compuesto por mujeres y hombres que vivan junto a Él en perfecta armonía eterna. ¡Qué gracia! ¿Puedes contemplar el amor de Dios? Eva fue expulsada del Edén, pero jamás del corazón de Dios. No puedo dejar de reiterar que las mujeres presentes en la cruz nos hablan de la presencia de las mujeres en el tierno y compasivo corazón de Dios.

Nosotras también debemos mantenernos contemplando a Jesús

Amada, anhelo que el día de hoy puedas verte en el corazón de Jesús. No hay mujer que pase inadvertida o signifique para Él solo un número más entre la muchedumbre. Él te conoce muy bien. Conoce tus dolores y alegrías más grandes, tu historia y tus luchas. Él no es indiferente a todo lo que sucede a tu alrededor, ni tampoco a lo que está dentro de ti. Él te lo ha demostrado al derramar Su sangre por ti. Así como las mujeres en la cruz llegaron a convertirse en discípulas a través de sus diferentes circunstancias que el Señor utilizó para atraerlas hacia Él, así también Dios permite situaciones en nuestra vida que nos llevan a contemplar la cruz de Cristo. Si ya la contemplas, tal como lo hicieron estas mujeres, Dios nos ayude a mantenernos contemplando al Hijo de Dios aun bajo las más duras situaciones. Realmente no hay nada más importante que fijar nuestra mirada en Cristo, pues en Él encontramos todo lo necesario para esta vida y nuestra eternidad. Experimentar la dulzura del Cristo crucificado nos guardará en los momentos más amargos de esta vida y nos sostendrá hasta el día en que estemos cara a cara frente a Él.

No puedo imaginar lo doloroso que fue para María contemplar la cruz. Si eres madre podrás comprender un poco mejor que yo la agonía de ver a Su hijo sufriendo tales horrores. Puedo sentir la impotencia de esta madre esforzándose por no unirse a las voces que le gritaban a Jesús que se bajara de la cruz. Pero, así como Cristo sufrió en silencio, ella también calló. Estoy convencida de que ella se fortalecía con las palabras sobre Jesús que guardó durante toda su vida y que la misma cruz, que trajo tanto sufrimiento a su alma, fue la que le trajo mayor gozo (Luc. 2:22-38). La cruz de Cristo es sin duda una imagen difícil de mirar, pero cuanto más nos cautiva su significado, mayor consuelo, esperanza y refugio encontramos en ella. No hay lugar más seguro y provechoso para nosotras que a los pies de la cruz.

Por último, quiero animarte al recalcar que contemplar la cruz traerá descanso al alma y, a la vez, nos llevará al «esfuerzo» en la gracia (2 Tim. 2:1). La cruz es un consuelo ante la gravedad de nuestro pecado que nosotras no podíamos solucionar, pero también es una hermosa invitación a seguir a nuestro Señor tomando nuestra propia cruz y siguiendo Su ejemplo durante toda nuestra vida.

María Magdalena, María la madre de Jesús y la madre de los hijos de Zebedeo contemplaron la cruz y se mantuvieron firmes, no solo durante la crucifixión de Jesús, sino también durante el resto de sus vidas. Ellas se mantuvieron crucificadas junto a Él, entregándose a Dios como un sacrificio vivo, santo y agradable a Dios (Rom. 12:1-2). Contemplaron al Salvador sufriente y siguieron Su ejemplo entregándose en devoción y servicio a Dios y a los hermanos en la fe (1 Cor. 11:1).

Querida mujer, nada estimulará más tu piedad que mantenerte contemplando la cruz de Cristo y Su incomparable amor demostrado por ti. Deja de intentar salvarte en tus propias fuerzas, mejor fortalécete en la fe por lo que Cristo ha hecho en la cruz. Deja de contemplarte a ti misma, tus fallas y pecados con el fin de cambiar y mejor contempla el evangelio de la cruz, las buenas noticias de salvación por gracia, que es miles de veces más provechoso y poderoso para tu santificación. Observa en esta bella escena cómo Dios tiene para las mujeres una parte importante en Su corazón y Su reino, y te aseguro que cuando comprendas bien esta gracia estarás lista para responder a Él en devoción, servicio y amor perseverante.

Haz de la contemplación de la cruz tu pan diario. No pierdas de vista la cruz por nada del mundo, ni siquiera por el servicio a Cristo. Mantente observando la crucifixión. Recuerda a Jesucristo. Contémplalo y recibe la paz que sobrepasa todo entendimiento. Contempla a Cristo y recibe el poder para imitarlo. Haz de la cruz tu constante contemplación.

Amada, sobre todas las cosas, no dejes de contemplar a Cristo.

Karen Garza

Karen Garza es música, autora y maestra de la Biblia. Está casada con David González y juntos sirven en Iglesia Pasión en Monterrey, México. Además de colaborar en su iglesia, ella fundó Genuino, un ministerio dedicado a enseñar a las mujeres acerca de la Biblia. Conoce más en: www.genuinomujeres.com

El Señor nos escogió para dar un testimonio que nos dignifica como mujeres

Lucas 24:1-12

Capítulo 13

Las mujeres que van a la tumba

Durante mi niñez pasé mucho tiempo con mi abuelita. Me fascinaba quedarme a dormir en su casa, platicar durante horas y ayudarla en sus tareas diarias. Recuerdo en especial una tarde en la que ella me pidió que la ayudara a regar las plantas. Tomé una cubeta y mientras la llenaba de agua, una fila de hormigas robó mi atención. Estos animalitos diminutos iban cargando una abeja. No pude evitar compadecerme de esa abeja moribunda, ya que el ejército de hormigas se estaba llevando su cuerpo, dejándola sin escape de su cruel destino. Me dio tanta pena que intenté ayudarla a librarse de las hormigas y la traté de empujar con mi dedo. Ese día no solo lamenté su muerte, sino que corrí con mi abuelita con los ojos llenos de lágrimas y un dedo bastante inflamado. Lo único que logré fue una picadura con su aguijón. Mi dolor no solo lo causó la desgracia de la abeja sino también la mía.

La muerte es así. Sacude nuestra alma cuando está a nuestro alrededor y es contemplada por los que todavía están con vida. La muerte siempre se encarga de hacerle saber a la vida su dominio sobre ella. En otras palabras, la muerte es un enemigo grandioso que está constantemente al acecho. Nos hiere con cada uno de sus actos a nuestro alrededor y a la vez nos intimida dándonos un vistazo de lo que será nuestro propio fin.

Este enemigo es uno muy antiguo. Está presente desde la caída de Adán y Eva, nuestros primeros padres (Gén. 3). La muerte le declaró la guerra a la creación y ha hecho grandes estragos desde que la humanidad cayó en pecado al desobedecer y separarse de su Dios. Ha sido la autora de los dolores más intensos y los impactos más significativos en las emociones, los pensamientos, la economía, la sociedad y la creación. Es muy probable que ya hayas sido víctima de este enemigo al ser un miembro de la humanidad posterior a la caída. Seguramente has experimentado la pérdida de un ser querido o simplemente has sido testigo de noticias pobladas de muertes crueles de desconocidos. Estoy segura de que no tengo que describirte lo doloroso y atemorizante de la presencia de la muerte a nuestro alrededor.

Me resulta fascinante que el ser humano tenga como parte de su diseño el lamentarse por la muerte de otros humanos, aun sobre aquellos que no nos son cercanos o hasta los consideramos o nos consideran como sus enemigos. Siempre lamentaremos la muerte. Es como si todos supiéramos que la muerte es una gran desgracia que no era parte del plan original para nosotros. Piénsalo: todos batallamos con la conciencia de que un día moriremos. Pensamos y actuamos como si fuéramos inmortales, pero la muerte de alguien, sobre todo si es cercano, es como una alarma ruidosa y desesperante que nos despierta a la realidad de que todos somos un vapor que aparece por un poco de tiempo y luego se desvanece (Sant. 4:14).

La muerte nos persigue y no es tímida. Se asoma a través de las arrugas de un anciano, de las flores marchitas y las ropas desgastadas. Constantemente se encarga de hacernos ver que no está muy lejos de nosotros. La muerte amenaza todo lo que buscamos y amamos. Todos odiamos la muerte.

La muerte de la Vida

La historia se iba desarrollando desde nuestra expulsión del Edén hasta un humilde pesebre en Belén de Judea. La luz resplandecía después de siglos en oscuridad y desesperanza bajo el fulgor de las estrellas. La Luz del mundo prometida estaba entre nosotros. El héroe que terminaría por fin con el dominio de oscuridad de la muerte había llegado (Rom. 5:17). El nacimiento de Jesús fue el evento más requerido por una humanidad oprimida por la muerte. Se proclamó por siglos la venida del Mesías que nos rescataría, y ahora Él había llegado.

Jesús creció y a lo largo de Su ministerio afirmó ser la resurrección y la vida, prometiendo que todo el que viviera y creyera en Él no moriría jamás (Juan 11:25). También hizo grandes milagros que acompañaron Sus enseñanzas, incluyendo la resurrección de Lázaro, del hijo de la viuda de Naín y de la hija de Jairo (Juan 11; Luc. 7; Mat. 9). Todo apuntaba a que este hombre era la esperanza de la humanidad. Casi puedo escuchar los posibles murmullos del pueblo: «¿será que este es el Mesías? ¿Será este quien vencerá a nuestra antigua enemiga llamada muerte?».

Las tinieblas parecían haberse disipado ante la presencia de la Luz resplandeciente. Era como si toda la historia de sufrimiento y opresión por la muerte habían sido un mal sueño del cual estábamos despertando. Cuando todo parecía avanzar hacia el alba, de pronto la muerte atacó ferozmente. En pleno día, la oscuridad sofocó el sol en el Calvario. Durante tres horas la tierra experimentó el momento más oscuro de la historia (Mat. 27:45). Este evento sobrenatural anunciaba con vehemencia la noticia más desgarradora: Jesús había muerto.

¿Qué? ¿Ni la Vida pudo contra la muerte? Imagina la tristeza inmensa y el dilema sin respuestas en el interior de los hijos de la fe ante la muerte del tan esperado Cristo. El que sería el vencedor de la muerte, el Mesías, se encontraba inerte, desangrado y sin pulso.

Qué gran tristeza puede cargar un corazón que acaba de ver morir al hombre más maravilloso que jamás haya existido. No murió cualquier persona. Ellos vieron el cuerpo sin vida del que hizo las declaraciones y proezas más grandes y nunca vistas, el que les enseñó con palabras y poder sobre el reino de Dios. Toda su esperanza de vida se encontraba en Él y ahora estaba muerto. Es importante que entendamos que la muerte de Jesús no solamente representaba la pérdida del Mesías, sino que también era para ellos la pérdida de su gran Amigo.

Cuando se pierde a un ser querido, pesa mucho más el dolor de la separación que sus imperfecciones y las ofensas que hayan podido cometer contra nosotros. Las mejores virtudes de la persona fallecida suelen relucir durante el duelo y son recordadas y grandemente extrañadas. Los defectos quedan en segundo o tercer plano y hasta se olvidan. Debe haber sido un dolor inmenso el que pudieron haber sentido las mujeres que seguían a Jesús ante la muerte de la única persona perfecta y que las había amado con un amor incomprensible. Ellas experimentaron la separación de aquel de quien provenían palabras de vida y actos de poder, quien jamás se avergonzó de ellas ni las menospreció, quien jamás actuó impulsivamente ni respondió desde el orgullo. Era un hombre que dejó en evidencia con Sus palabras y Sus obras la humildad y mansedumbre de Su corazón. Alguien que dedicó tiempo para escucharlas, sanarlas y enseñarles Sus caminos. Estas mujeres lloraban la muerte de quien las había conocido, amado y cuidado como nadie. El dolor debió ser agonizante entre ellas.

Los seguidores de Jesús de seguro estaban desanimados y confundidos ante un acontecimiento tan inesperado. La Luz con la que se gozaron por un poco de tiempo se había apagado.

Guardando las distancias con mi anécdota con la abeja y las hormigas, seguramente los discípulos se sintieron como yo. Ellos no solamente se lamentaron profundamente por la muerte de Jesús, sino también por la picadura inminente del aguijón de la muerte que ellos también experimentarían. Ese aguijón seguía vivo y su amenaza sobre la vida de toda la humanidad seguía en operación.

La Vida vence a la muerte

Habían pasado ya tres días desde la muerte de Jesús. La ilusión y esperanza de Sus discípulos estaba enterrada junto con su Maestro. La Biblia no nos da una descripción detallada de lo que los creyentes pensaron o hicieron durante los tres días en que Jesús estuvo en la tumba. Sin embargo, sabemos que los discípulos se lamentaban y lloraban, pues aún no habían entendido que la muerte de

Jesús no fue un acto fortuito, sino que Jesús debía morir y después resucitar de entre los muertos conforme al plan eterno de Dios (Mar. 16:10-11, Juan 20:9).

María Magdalena, María la madre de Jesús y Salomé habían seguido a Jesús y no solamente presenciaron Su muerte, sino que también se mantuvieron observando para saber dónde ponían Su cuerpo (Mar. 15:47). Habían servido a Jesús durante Su ministerio y fueron testigos de Su crucifixión, pero ellas sentían que Su labor no había terminado. Ahora querían servirle en Su muerte.

De acuerdo con la tradición judía, los cuerpos de los muertos se ungían antes de la sepultura, pero debido a que Jesús murió en las vísperas del día de reposo (es decir, el día en el que ningún judío tenía permitido hacer ninguna clase de trabajo), Su cuerpo no pudo ser preparado conforme a los rituales funerarios acostumbrados. Lo primero que hicieron estas mujeres pasado el día de reposo fue ir a la tumba para ungir de forma adecuada el cuerpo muerto de Jesús. Su disposición revela mucho de las expectativas que tenían estas mujeres. Ellas no esperaban ver a un Jesús resucitado, sino solo brindarle los ritos mortuorios para honrar el cuerpo muerto de Jesús.

Muy de mañana estas tres mujeres se dirigieron a la tumba (Mar. 16:1-8). Mientras caminaban se preguntaban qué harían para remover la pesada piedra que cubría el sepulcro, pero cuando llegaron encontraron que la piedra estaba corrida. Seguramente se asombraron y se llenaron de temor al ver la tumba abierta y se preguntaban quién había removido la gran piedra. Marcos nos dice en su Evangelio que ingresaron a la tumba y se encontraron con un joven vestido de blanco, por lo que se asustaron terriblemente. Pero él les dijo:

> «No se asusten; ustedes buscan a Jesús el Nazareno, el que fue crucificado. Ha resucitado, no está aquí; miren el lugar donde lo pusieron. Pero vayan, digan a Sus discípulos y a Pedro "Él va delante de ustedes a Galilea; allí lo verán tal como les dijo"». (Mar. 16:6)

Las mujeres estaban atónitas y huyeron del sepulcro con gran temor y confusión. El Evangelio de Juan complementa ese momento diciéndonos que María Magdalena corrió con desesperación hacia Pedro y Juan y les dijo: «¡Se han llevado al Señor y no sabemos dónde lo han puesto!» (Juan 20:2). Pedro y Juan fueron al lugar, entraron a la tumba y vieron que estaban las envolturas de lino con las que cubrieron el cuerpo de Jesús y el sudario que tenía sobre Su cabeza, pero Su cuerpo no estaba ahí. Sin poder entender qué había pasado, volvieron a su casa.

Pero María se quedó llorando junto al sepulcro. Con lágrimas miró dentro de la tumba y vio a dos ángeles vestidos de blanco sentados en donde había estado el cuerpo de Jesús. Los seres celestiales le preguntaron por qué lloraba y ella les contestó que era porque se habían llevado el cuerpo de Su Señor y desconocía Su ubicación. Al decir esto, ella se volteó y vio a un hombre que le dijo: «"Mujer, ¿por qué lloras? [...] ¿A quién buscas?". Ella, pensando que era el que cuidaba el huerto, le dijo: "Señor, si usted lo ha llevado, dígame dónde lo ha puesto, y yo me lo llevaré"» (Juan 20:15). De pronto, casi como si este hombre no pudiera soportar más ocultarse de ella, pronuncia con gran fuerza su nombre: «¡María!». Bastó escuchar su nombre para reconocer que era Jesús. No sabemos si Jesús pronunció su nombre y le fue quitada la ceguera para verlo o si reconoció en Su voz la dulzura que solo podía provenir del Señor. Lo que sí sabemos es que ella lo reconoció y se alegró grandemente y al parecer no dudó en tomarlo con fuerza, como si lo fuera a perder nuevamente. Jesús le dijo:

> «Suéltame porque todavía no he subido al Padre; pero ve a Mis hermanos, y diles: "subo a Mi Padre y Padre de ustedes, a mi Dios y Dios de ustedes"». (Juan 20:17)

María Magdalena corrió a decirles a los discípulos que había visto al Señor y les dio Su mensaje.

Vida para nosotras

Quisiera que nos detengamos un poco para poder digerir este evento.

¿Puedes dimensionar lo que estaba sucediendo? ¡Las profecías eran ciertas! ¡La promesa se cumplió! ¡Jesús resucitó! La Luz brilló con más fuerza que nunca al tercer día. El ataque feroz de la muerte en el Calvario fue en realidad su último pataleo y alarido de derrota. Jesús murió, pero la muerte no lo pudo contener y la Vida finalmente no pudo ser destruida por la muerte. Al morir, Jesús venció a la muerte.

La Palabra nos dice que la paga del pecado es la muerte (Rom. 6:23). Jesús pagó en la cruz nuestro pecado con Su muerte y cuando dejó la tumba vacía se anunció que nuestra deuda había quedado saldada. Ya no hay más muerte eterna para los que están en Él. Cristo murió para que nosotros no muriéramos eternamente. Cristo resucitó para que, junto con Él, nosotros también resucitemos. ¡La Vida verdaderamente venció a la muerte! Pablo y Pedro expresaron la misma idea gloriosa con diferentes palabras:

> «Devorada ha sido la muerte en victoria. ¿Dónde está, oh muerte, tu victoria? ¿Dónde, oh sepulcro, tu aguijón?». (1 Cor. 15:54-55)

«Pero Dios lo resucitó, poniendo fin a la agonía de la muerte, puesto que no era posible que Él quedara bajo el dominio de ella» (Hech. 2:24)

A diferencia de mi anécdota con la abeja, la Vida contempló a la muerte y le hizo saber que tenía dominio absoluto sobre ella. Jesús destruyó el aguijón amenazante. Nos gozamos mucho en la resurrección de Jesús, pero no solo en eso, sino también en la resurrección inminente de los hijos de la fe. Su resurrección es una invitación a seguirlo y vivir para siempre con Él. La resurrección de Jesús es el fundamento del cual pende toda nuestra esperanza de salvación. La muerte de Jesús era necesaria para salvarnos y ella debía ser vencida. La aniquilación del poder de la muerte es tan importante en la obra de Jesucristo que el apóstol Pablo se tomó bastante tiempo para explicar la tragedia que hubiera sido para la humanidad si Cristo no hubiera resucitado:

«Y si Cristo no resucitó, vana es entonces nuestra predicación, vana es también vuestra fe. Y somos hallados falsos testigos de Dios; porque hemos testificado de Dios que él resucitó a Cristo, al cual no resucitó, si en verdad los muertos no resucitan. Porque si los muertos no resucitan, tampoco Cristo resucitó; y si Cristo no resucitó, vuestra fe es vana; aún estáis en vuestros pecados. Entonces también los que durmieron en Cristo perecieron. Si en esta vida solamente esperamos en Cristo, somos los más dignos de conmiseración de todos los hombres.

Mas ahora Cristo ha resucitado de los muertos; primicias de los que durmieron es hecho. Porque por cuanto la muerte entró por un hombre, también por un hombre la resurrección de los muertos. Porque, así como en Adán todos mueren, también en Cristo todos serán vivificados. Pero cada uno en su debido orden: Cristo, las primicias;

> luego los que son de Cristo, en Su venida. Luego el fin, cuando entregue el reino al Dios y Padre, cuando haya suprimido todo dominio, toda autoridad y potencia. Porque preciso es que Él reine hasta que haya puesto a todos Sus enemigos debajo de Sus pies. Y el postrer enemigo que será destruido es la muerte» (1 Cor. 15:14-26, RVR60).

La resurrección es un asunto fundamental para nuestra fe. No hay evangelio sin ella y sin evangelio no hay cristianismo. Ahora que comprendemos la gran importancia de este suceso, podremos maravillarnos en que Dios orquestara todo para que las mujeres fueran las primeras testigos de Su resurrección. Quizá no entiendas qué tiene de maravilloso, pero conocer el contexto cultural te ayudará a verlo. La voz de la mujer carecía de valor y confianza en ese tiempo. Se dice que la credibilidad de las palabras de una mujer era semejante a la de los niños. George Moore en su artículo sobre la resurrección llamado *Las mujeres comprueban la veracidad de la resurrección*, menciona al estudioso Gary Habermas, quien afirma en su libro *The Case for the Resurrection of Jesus* [El caso a favor de la resurrección de Jesús] que en ese tiempo el testimonio de la mujer era semejante en valor al testimonio de un criminal.[1]

Ya era bastante increíble que Jesús resucitara como para darle el primer testimonio de Su resurrección a mujeres cuya palabra no era considerada fidedigna en esos tiempos. ¿Por qué Dios hizo algo así? ¿No era mucho más estratégico confiarles este mensaje a los hombres?

Estoy convencida de que Dios no tiene el más mínimo interés en cumplir con los dictados de la sociedad. Él jamás

---

1. George Moore, *Women Proved the Truth of the Resurrection*, Jude3 Project, tomado de https://jude3project.org/blog/2022/4/17/women-proved-the-truth-of-the-resurrection (17 de abril de 2022).

se guía por las expectativas rotas de los humanos, sino por Su bondad, rectitud y amor. Creo que Él quería mostrarnos más de Su corazón para con las mujeres a través de este hecho sorprendente.

La voz de la mujer carece de valor en esa época, pero Dios escoge el testimonio de estas mujeres como el medio para propagar el mensaje más importante de la historia: ¡Jesús resucitó! Esto nos muestra a un Dios que valora, dignifica, y hace parte a la mujer en Sus planes redentores. Dios no se avergüenza de nosotras ni es movido por las presiones de la sociedad y la cultura. Dios puede hacer lo que Él quiere en total libertad y a Él le complació que la mujer fuera la primera testigo, receptora y emisora de Su mensaje de victoria sobre la muerte.

El Señor se complace en escoger lo vil y menospreciado del mundo para que nadie se jacte en Su presencia (1 Cor. 1:28). Este testimonio perpetuado en los Evangelios no permite que los hombres menosprecien a las mujeres como inferiores o indignas del favor de Dios y exalta a las mujeres que habían sido menospreciadas, pero no para mostrar que un género es mejor que otro, sino para que ambos entiendan que están en el mismo nivel delante de Jesús. Ya no hay separación entre mujeres y hombres en Cristo, ahora somos Su cuerpo y miembros los unos de los otros (Gál. 3:28).

Las mujeres y el testimonio de la resurrección

La sinergia entre la mujer y el testimonio de la resurrección es hermosa. El anuncio de la resurrección en sus labios la dignifica, y ella lo adorna al ser la primera receptora de este anuncio. Al ser la mujer quien testifica de este acto asombroso, se refuerza el mensaje consolador de que, junto con el Cristo crucificado, ha muerto el mundo y toda amenaza contra ella, y que, junto con el Cristo resucitado, ha renacido la esperanza de una nueva vida de paz y unidad. Solo Cristo es nuestra esperanza.

Hay un detalle de los relatos que hemos visto de las mujeres y la resurrección de Jesucristo que no quisiera que pasáramos por alto. Puede ser que te parezca extraño que Jesús le haya dicho a María que lo soltara (Juan 20:17). No se trató de un acto de desprecio de Jesús hacia la mujer, sino que podemos entenderlo más como un anuncio de que debía subir al Padre producto del gran amor que le tenía a esta mujer y a todos los que conformarían Su iglesia. Jesús no podía quedarse en la tierra, sino que debía volver a los cielos como el representante de la humanidad delante del Padre para interceder por nosotros y darnos Su victoria sobre nuestros enemigos: Satanás, el pecado y la muerte. La iglesia existiría gracias a Su obra. Su justicia sería nuestra y Su Padre sería nuestro Padre. Su Espíritu habitaría en nosotros y Su vida sería nuestra. María no quería soltarlo, pero Jesús guardaría ese abrazo para cuando regresara. Mientras tanto, Él le dejó una encomienda:

> «Ve a Mis hermanos, y diles: "subo a Mi Padre y Padre de ustedes, a mi Dios y Dios de ustedes"». (Juan 20:17)

Hoy somos invitadas por el mismo Dios, que orquestó a María Magdalena como la primera testigo de Su resurrección, a proclamar con gozo que nuestro Señor Jesús ha resucitado, a descansar en Su amor por nosotras —demostrado en la cruz, la tumba vacía y la participación en la historia de la redención de las mujeres que nos precedieron— y a vivir a la luz de la vida eterna que nos aguarda en Él.

Jesús nos advirtió que en este mundo sufriremos, pero que confiemos porque ya venció al mundo (Juan 16:33). Todavía sufriremos los estragos del pecado y de la muerte por el resto de nuestras vidas, pero le pido a Dios que nos ayude a ver cómo ahora la Vida, es decir, nuestro Señor Jesucristo, permanece con nosotros para siempre. Que podamos verla asomándose a través de Su paz en la tormenta, Su consuelo en el dolor, las evidencias diarias de Su gracia, las vidas transformadas por el evangelio y Su verdad depositada por el Espíritu en nuestro corazón.

Hasta que la Vida nos envuelva por completo, toma ánimo en saber que nuestro Cristo está vivo y que sigue llamando a otros a la vida por medio del testimonio de mujeres como tú y como yo. Dios sigue usando personas débiles y necesitadas de la gracia para extender a los demás la misma gracia que recibimos. Mientras lo hacemos, adornamos el evangelio pues anunciamos hermosamente el corazón de Dios por los pecadores débiles y vulnerables de este mundo. Las mujeres testificamos sobre la resurrección sin restarle valor; por el contrario, la resurrección proclamada por nuestros labios nos da dignidad y honor como mujeres, puesto que es hermoso el gran privilegio que tenemos de poder servir a Dios anunciando la noticia más importante de la historia. En un siglo en donde la mujer busca su valor en los dictados de la sociedad, descansemos en que no hay mayor dignidad que la que Dios nos da por medio de Jesús.

Betsy Gómez

Betsy Gómez atesora a Cristo en lo cotidiano y sirve a Dios justo a su esposo e hijos en su iglesia local. Fue líder del área creativa para Aviva nuestros corazones y también iniciativas para Joven verdadera. Esta cursando una maestría en ministerio de mujeres del SEBTS. Proviene de la República Dominicana y vive en Dallas-Fort Worth, Texas. Está casada con Moisés Gómez desde 2005 y tiene cuatro hijos: Josué, Samuel, Grace y David.

CONCLUSIÓN

El encuentro final

Jesús y ____________________

(Pon tu nombre aquí)

Luego de varios meses viendo esa serie de televisión, no podía creer que ya había llegado a su fin. Tenía mucha curiosidad por conocer la resolución de la trama, pero tengo que confesar que me entristecía saber que después de tanto tiempo «conociendo» a este personaje, de repente ya todo iba a terminar. A veces tengo que ser cuidadosa con este tipo de entretenimiento porque puedo llegar a establecer una gran conexión con las historias y, a pesar de que soy consciente de que los personajes son ficticios, no puedo evitar extrañarlos con algo de nostalgia.

Con este libro me sucedió algo parecido. Cada uno de estos encuentros de Jesús con las mujeres de su época me hicieron sentir tan cerca de ellas, de sus necesidades y, por sobre todo, del corazón compasivo del Salvador. Pero con estas historias reales que salen directamente del evangelio experimenté algo muy distinto. No tuve que lidiar con la tristeza de la despedida. Además, estos encuentros no fueron registrados con el propósito de entretenernos con su drama o solo proveernos una recreación de un hecho histórico. Estos acercamientos ocurridos en el Medio Oriente son en sí mismos una carta de invitación para otro encuentro entre el lector y Jesús, el personaje central y poderoso de todas esas historias.

La sorpresa de María, la sed de la mujer samaritana, la vergüenza de la mujer adúltera, la impotencia de la mujer del flujo de sangre y las tensiones que vivieron todas esas mujeres no son mostradas para ser vistas a través de una pantalla de televisión por otras mujeres como meras espectadoras. Son demasiado especiales estos encuentros con Jesús. Él nos muestra cómo se acercó compasivamente a esas mujeres, para luego acercarse a nosotras con la misma gracia. Ninguno de estos relatos tiene el fin de presentar una realidad que esté desconectada de la nuestra. De hecho, todo lo que Él reveló en Su Palabra tiene el propósito de invadir tu propia realidad para que lo conozcas… de cerca.

> «Y esta es la vida eterna: que te conozcan a Ti, el único Dios verdadero, y a Jesucristo, a quien has enviado» (Juan 17:3)

No puedes leer sobre la vida de Jesús y luego poner simplemente el libro a un lado. Así de maravilloso es Él. A diferencia de todos los relatos registrados en la historia, Jesús es el único personaje que permanece hoy contigo, tan real y cercano como tu respiración en este mismo momento. Su presencia y Su toque amoroso trasciende el tiempo, te transforma desde adentro y demanda una respuesta; por eso tú y yo estamos aquí, dos mil años más tarde de cara a Emmanuel «Dios con nosotros».

Un encuentro distinto

Si llegaste hasta este punto del libro es porque en cada capítulo viajaste en el tiempo para colocarte en los zapatos de distintas mujeres y contemplar cómo sus vidas fueron transformadas por Jesús. Ahora ya no tienes que transportarte a ningún lado. Estas últimas páginas te servirán como un espejo que te mostrará que eres tú la mujer de este último encuentro de este libro.

Haremos un adelanto de la historia para trasladarnos de la época de Jesús a nuestros días para conectar los puntos. Sería imposible describir a cabalidad la realidad en la que te encuentras o, incluso, tratar de agrupar las necesidades y luchas de todas las lectoras en un solo retrato. Pero lo que sí podemos hacer es darte un vistazo del estado actual de las mujeres en el siglo XXI, para que te identifiques y te halles en medio de la multitud de mujeres que representa.

Jesús elevó la dignidad de las mujeres de Su generación, confirmando así que ellas, al igual que los hombres, fueron creadas a la imagen de Dios. Las mujeres lo siguieron y participaron activamente en Su ministerio (Luc. 8:1-3). Los apóstoles, enviados por Jesús, también destacaron la labor de las mujeres en el establecimiento de la iglesia (Hech. 16:1-14, Rom. 16:1, Fil. 4:2–3). Ellas se involucraron en roles de discipulado (Hech. 18:2, 2 Tim. 1:5, Tito 2:3-5), la hospitalidad; y aun contra la cultura de pecado rampante, ellas cultivaron sus hogares como agencias del evangelio para la gloria de Dios.

Aun en los tiempos de gran oscuridad en la historia de la iglesia, muchas mujeres fueron conocidas por dar su vida por la causa de Cristo, por su dedicación a los ministerios de compasión, por criar a muchos de los grandes teólogos que han contribuido con la fe cristiana, sin olvidar cómo iluminaron el campo misionero en circunstancias extremas. La influencia de la mujer es extraordinaria por su resiliencia innata y su capacidad, dada por Dios, de dar vida donde quiera que se encuentre.

Pero la cultura contaba otra historia mientras avanzaba el tiempo. La mujer que antes se identificaba con los roles tradicionales judeocristianos, comenzó una lucha por la igualdad de derechos en diferentes partes del mundo. Esa batalla sigue en pie hasta nuestros días. Su protesta logró efectos positivos en la sociedad, otorgándole a la mujer espacios que estaban restringidos injustamente como el derecho al voto, el acceso a la educación y la entrada al mercado laboral, solo por mencionar algunos.

Lo que las mujeres no tomaron en cuenta es que, en busca de igualdad e independencia, muchas de ellas no se saciarían hasta declarar la independencia absoluta de Dios y Sus mandatos. Ese tsunami arrastró a la familia, fragmentó los hogares, desmanteló los matrimonios y dejó estragos en la crianza de los hijos. Esto no es más que un eco de la declaración de independencia de la primera mujer creada contra su Creador.

El diagnóstico que la mujer hizo de las injusticias sociales que la oprimían era correcto. El problema es que ella buscaba y continúa buscando su libertad en el lugar equivocado; y sigue tan insatisfecha como cuando inició su lucha.

Las mujeres juegan hoy un papel más predominante en la sociedad, pero muchísimas se sienten sumamente agotadas. Las demandas en diferentes frentes la dejan sobrecargada y en muchas ocasiones se siente como si la tiraran de diferentes frentes mientras trata de encontrar el equilibrio entre el hogar, el trabajo y las expectativas sociales. Una organización de empoderamiento femenino en línea[1] condujo una investigación en marzo de 2023, entre mujeres «*milenial*» para descubrir por qué la vida nos les funciona a las hijas del feminismo. Se les pidió a las encuestadas que

---

1. TheSkimm, *The State of Women… Isn't Working.* https://www.theskimm.com/stateofwomen/harris-poll-data-2023 (9 de marzo de 2023).

describieran su estado mental actual en cinco palabras. Ellas respondieron:

Estresada
Ansiosa
Cansada
Deprimida
Confundida

El 64 % de las mujeres dijo: «Estoy cansada de intentar ser una supermamá, una superesposa o una superempleada». Un 83 % de las mujeres coincidió con que está cansada de dejar que la sociedad dicte cuál debe ser el papel de la mujer. Lo más triste es que el 82 % de estas «*milenial*» reconoció que «todo el mundo habla de lo sobrecargadas que están las mujeres, pero en realidad nadie las ayuda a aliviar la carga».

¿A dónde puede acudir la mujer de hoy en su necesidad de descanso? ¿Quién puede ayudarla a aliviar su carga?

Jesús te ofrece descanso

> «Vengan a Mí, todos los que están cansados y cargados, y Yo los haré descansar. Tomen Mi yugo sobre ustedes y aprendan de Mí, que Yo soy manso y humilde de corazón, y hallarán

> descanso para sus almas. Porque Mi yugo es fácil y Mi carga ligera». (Mat. 11:28-30)

Entre la lista de los agobiados y cargados, las mujeres de este tiempo encabezan los primeros lugares. ¿Te identificas con este cansancio? Jesús te ofrece descanso. Pero no es un descanso como el que te imaginas. No se trata de unas horas más de sueño o de un nuevo método de organización. *Él te invita a un encuentro con Él.* Al igual que a la audiencia a la que Él habló originalmente, Jesús te llama hoy a acercarte por la fe, creyendo que Él es Dios y que solo Él y ningún «sistema» puede darle el verdadero reposo a tu alma.

Él te invita a reposar de las obras imperfectas y del arduo trabajo en donde has colocado tu fe para tratar de salir adelante. Él te muestra que el cansancio más extenuante es el que proviene del alma que está fatigada por estar alejada de Dios y por más que intenta hacer las cosas bien, se frustra porque nunca siente que es suficiente y la insatisfacción es permanente. Jesús te ofrece descanso de la cansada labor de estar midiéndote constantemente por tu desempeño. Él te ofrece una tregua en tu cansada ambición de trabajar por obtenerlo «todo» en la vida.

Toma un momento para meditar en las falsas fuentes de descanso que nunca te dan lo que prometen. Las podrás reconocer porque se trata de esos métodos populares y tendencias muy publicitadas que aseguran simplificarte la vida, pero en realidad agravan la carga con expectativas que solo aparecen en un mundo virtual que ni siquiera es real.

La invitación ha sido dada de forma amorosa. El descanso que tu alma anhela es una persona: Jesús. Reconoce sin miedo tu cansancio y corre sin detenerte a su encuentro. Suelta el yugo de tus intentos fallidos y toma el yugo que Él ofrece. Este es ligero porque solo requiere fe. Él puede ofrecerte descanso porque ha tomado tu lugar, tus pecados, fracasos, temores y ansiedades y los ha hecho morir con Él en la cruz del Calvario. Pero seguimos contando Su historia hoy porque resucitó en victoria al vencer a la muerte y así puede ofrecerte una vida nueva a Su lado. Esa es la fe de la que hablo: Una confianza absoluta en Su obra perfecta en tu lugar.

La mujer samaritana conoció ese cansancio; agotada por los muchos pecados que pesaban sobre sus hombros y cansada de sus intentos de esconderse detrás de una religiosidad falsa. Sin embargo, Jesús le salió al encuentro y le mostró que Él es el Mesías esperado. Eso bastó para que ella dejara, no solo su cántaro atrás, sino también la carga que la agobiaba.

¡Qué mayor descanso que saberse aceptada y perdonada ante Dios!

Cuando recibimos el descanso que Jesús ofrece somos libres de la trampa de medir nuestro valor por nuestro desempeño. El descanso de Jesús proviene de Su salvación. Su vida perfecta, Su muerte y resurrección en nuestro lugar nos proveen verdadero alivio. Ahora trabajamos ligeras porque lo hacemos desde una posición de descanso, porque ya sabemos que nuestra labor no tiene el poder de salvarnos. Ya no tenemos nada que probar, con Cristo somos verdaderamente libres. Podemos descansar en Él.

Jesús te ofrece una nueva vida

La organización que ordenó la encuesta antes mencionada creó un programa de ayuda basado en los hallazgos encontrados. Su propuesta para «esa mujer» (estresada, ansiosa, cansada, deprimida y confundida) es que aprenda a vivir para sí misma y a priorizarse por encima de los demás. Pero hay una mala noticia. Ya la mujer lo intentó y el resultado fue un desastre mayor. La mujer ha jugado a ser como Dios desde los tiempos del Edén, pero todo ha salido mal.

La buena noticia es que con Jesús todo es distinto. Ante nuestra necesidad de rescate, Él no miró a un lado para enfocarse en sí mismo. Todo lo contrario. Él no vivió para sí mismo y se priorizó por encima de los demás, sino que:

> «... aunque existía en forma de Dios, no consideró el ser igual a Dios como algo a qué aferrarse, sino que se despojó a Sí mismo tomando forma de siervo, haciéndose semejante a los hombres. Y hallándose en forma de hombre, se humilló Él mismo, haciéndose obediente hasta la muerte, y muerte de cruz». (Fil. 2:6-8)

Él se despojó de Sus privilegios, descendió de Su trono para habitar entre nosotros (Juan 1:14). Él decidió colocarse en una posición de humillación para servirnos hasta el punto de dar Su vida por nosotras. Esto es completamente diferente a lo que nos venden los gurús de la vida buena moderna. Por eso te pido que dejes que esa verdad se asiente en tu corazón por un momento. Él no «envió» Su ayuda a la mujer estresada, ansiosa, cansada, deprimida y confundida; Él mismo decidió venir a salvarla y lo hizo hasta el punto de disponerse a dar Su vida por ella. Su propósito no fue solo darle la «experiencia» de un encuentro con Él y así «mejorar» su estilo de vida. Él no vino para maquillar su vida, sino para darle una nueva vida, una vida abundante y plena.

Una nueva identidad

Esa es la vida que María Magdalena conoció. Ella estaba muerta en su pecado y poseída por demonios; nunca hubiera podido encontrar libertad por sí misma. Ella necesitaba ser rescatada... Jesús hizo el milagro y fue liberada y transformada a la imagen de su Salvador. A partir de ese momento, no hizo otra cosa que dedicarle su vida entera a su Libertador.

Un encuentro con Jesús bastó para que ella fuera hecha nueva. Más que repararla, Él la trajo de muerte a vida y le otorgó una nueva identidad. La que antes habitaba en el reino de la oscuridad, ahora manifestaba la ciudadanía del reino de los cielos y la imagen de Dios en su nueva manera de vivir.

La «mujer pecadora» entregó su adoración más costosa al derramar ese perfume costosísimo sobre Jesús porque sabía que Él podría remover las etiquetas de su pasado y darle una nueva identidad. La que era reconocida por su pecado, caminó en novedad de vida porque su identidad fue transformada (Luc. 7:36-50). Esa es la paz que Jesús ofrece a la mujer en ruinas.

Enséñame una mujer que se ha encontrado con Jesús y te mostraré una mujer que no se afana por «redefinir» su identidad. La vida nueva que Jesús ofrece incluye una identidad que está centrada en Su obra perfecta. La mujer que ha sido transformada por Jesús es libre del estrés que proviene de autodefinirse a partir de las cosas de este mundo. En lugar de mirarse a sí misma, ella mira a Su Salvador y en Él encuentra una roca firme. Ella no se postra ante fuentes falsas de identidad, porque ya nada puede definirla fuera de Jesús. Ella es libre de las expectativas culturales y de las tendencias sociales porque sus ojos están fijos en su Salvador.

Un nuevo propósito

Cuando Jesús nos sale al encuentro nos muestra cuál es la única forma en la que podemos vivir:

> «Y a todos les decía: «Si alguien quiere seguirme, niéguese a sí mismo, tome su cruz cada día y sígame. Porque el que quiera salvar su vida, la perderá, pero el que pierda su vida por causa de Mí, ese la salvará». (Luc. 9:23-24)

Una nueva identidad demanda un nuevo estilo de vida. Encontrarnos con Jesús implica quedarnos con Él para siempre, identificarnos con Él en su vida, muerte y resurrección. El camino trazado delante de nosotras no es distinto al que transitó nuestro Salvador. Él se humilló hasta lo más bajo para darnos vida y nos llama a que sigamos Sus pisadas. Este es el verdadero camino a la exaltación que ha querido encontrar la mujer a lo largo de la historia. Todos sus fracasos muestran que solo deseaba tomar atajos, pero Jesús no nos dejó extraviadas y en bancarrota personal. Él nos salió al encuentro para mostrarnos que el camino a la gloria es la humillación y el camino a la vida es la muerte. El mundo seguirá gritando:

«¡Primero vas tú!»
«¡Es tu cuerpo!»
«¡Es tu decisión!»
«¡Son tus sueños!»
«¡Es tu vida!».

Pero Jesús nos indica que ese camino conduce a la perdición (Luc. 9:24). La senda estrecha de la muerte al «yo» es la única alternativa para la verdadera satisfacción, porque de todas maneras Él ya lo crucificó con Él en la cruz.

> «Con Cristo he sido crucificado, y ya no soy yo el que vive, sino que Cristo vive en mí; y la vida que ahora vivo en la carne, la vivo por la fe en el Hijo de Dios, el cual me amó y se entregó a sí mismo por mí» (Gál. 2:20)

La nueva vida que Él ofrece es la suya en ti, de manera que podamos obedecer a Su mandato porque Su poder nos capacita (Rom. 8:11) para negarnos a nosotras mismas y ver más de Cristo en nosotras cada día. Contrario a todo lo que es popular en el mundo, nuestro estilo de vida ha de ser una colección de dosis ordinarias de muerte que nos permiten ser verdaderas dadoras de vida en los distintos contextos y etapas de la vida en que nos encontremos.

No hay otra respuesta lógica. No hay otro camino a la gloria. No hay mayor gozo que el que proviene de hacer de nuestras vidas un altar de adoración en donde estamos entregándonos como un sacrificio vivo a Dios (Rom. 12:1). No hay mayor satisfacción que vivir para engrandecer el nombre de Jesús. Porque no hay mayor gloria que la suya (Ef. 1:6).

> «Yo he venido para que tengan vida,
> y para que la tengan en abundancia» (Juan 10:10)

La esperanza del último encuentro

Las buenas noticias para la mujer del siglo XXI es que Jesús ofrece descanso. Él ofrece una nueva vida con una identidad firme en Él. Jesús muestra el camino a la verdadera satisfacción y otorga un propósito grandioso: vivir para Su gloria (Ef. 1:12,14). La forma en la que podemos vivir de esta manera es anclando nuestros corazones en la esperanza del encuentro final que Él ha prometido.

Lo que antes veíamos pálidamente a través del espejo de Su Palabra, entonces lo contemplarás con tus propios ojos cuando corras a Sus brazos y cuando lo contemples cara a cara. Ese encuentro será como ningún otro porque podrás contemplarle con perfecta claridad y lo conocerás con la profundidad con la que Él te conoce a ti. Correrás a Él con la seguridad de que ya no habrá separaciones ni despedidas.

> «Ahora vemos todo de manera imperfecta, como reflejos desconcertantes, pero luego veremos todo con perfecta claridad. Todo lo que ahora conozco es parcial e incompleto, pero luego conoceré todo por completo, tal como Dios ya me conoce a mí completamente». (1 Cor. 13:12, NTV)

¡Oh, mi alma anhela ese encuentro final! Allí se encuentra toda la esperanza que necesitamos para descansar de nuestro agobio, negarnos a nosotras mismas y ofrecer nuestras vidas al servicio de Cristo como una respuesta viva que hace lucir la gracia salvadora atractiva y creíble. Para vivir para la gloria de Dios.

> «Nuestros corazones no descansarán,
> hasta que puedan encontrar descanso en ti».
>
> –Agustín de Hipona[2]

¡Ven a Jesús y descansa!

2. *The Confessions of Saint Augustine* (Collins Classics). (Buenos Aires, Argentina: HarperPress, 2022), pág. 1.